Celebraciones populares por los difuntos

Novenario, Rosario, Responso y otras celebraciones

RAMÓN PONS

DEDICACIÓN

A los que han salido hacia la casa del Padre antes que nosotros, quienes nos
transmitieron la fe y por ellos ahora somos.
A los que durante su vida nos acompañaron con su afecto.

CONTENIDO

RECONOCIMIENTOS

Quiero dejar constancia de mi agradecimiento a todos los agentes de pastoral que, de una manera u otra han colaborado con su servicio en acompañando a los miembros de la comunidad que sufren por la pérdida de alguien amado.
Para los que han tenido paciencia conmigo, dedico estas páginas de manera que, si en algo les sirven, puedan dar gracias a Dios y ayudar a los demás en los momentos de dificultades.

1 CONSIDERACIONES PREVIAS

Hablar sobre la muerte no es cosa fácil. Se podría hacer un breve discurso o uno muy largo. Pero, ¿quién quiere escucharlo? Es la realidad a la que todos estamos llamados desde que nacemos, de la que huimos mientras vivimos y nunca podemos escaparnos. Tal vez por eso muy rara vez se encuentre a alguien contento con saber que va a morir. Nos está oculto el lugar y el momento de nuestra muerte y probablemente por eso vivimos con relativa tranquilidad, pero nunca sin prepararnos para ese acontecimiento en nuestras vidas.

Con la intención de llenar ese vacío existente en nuestras comunidades, la carencia de una herramienta que nos ayude a sobrellevar el duelo y para cooperar un poco con el proceso evangelizador ante la muerte usted encontrará aquí algunas celebraciones comunitarias de las cuales se pueden escoger las que más convengan.

También encontrará una lista de cantos para las exequias o por los difuntos con su respectivo código QR, que le llevará a un lugar de internet en donde lo podrá escuchar y aprender. Entre otras cosas, aquí encontrará:

- Oraciones ante la propia muerte o la de un ser querido
- Oración al dar el pésame y al colocar el cadáver en el ataúd
- Preces para el velorio y la vigilia comunitaria de oración
- Novenario y rosario por los difuntos
- La ceremonia de levantar la cruz
- Responsos para el cementerio

Para facilitar el momento de oración y evitar interrupciones, se han incluido los textos de la Sagrada Escritura en el lugar que deben ser proclamados. La traducción de las Sagradas Escrituras que se ha utilizado es "La Biblia de Nuestro Pueblo", del P. Luis Alonso Shöckel.

En algunos lugares encontrará indicaciones en *cursiva*. Y en los responsorios verá la letra «℣.» que corresponde al que dirige la oración y la letra «℟.» donde pide la respuesta de todos los que participan. Cuando encuentre la letra «N» corresponderá al nombre del difunto y entre paréntesis, ( ) puede encontrar una referencia al cambio de género de la persona fallecida.

Antes de entrar en detalles, y para ir dejando de pensar que todo y lo único que se hace en la Iglesia es misa, vamos a detenernos un momento para ver cómo están formados los ritos exequiales en la Iglesia.

PRINCIPALES RITOS EXEQUIALES DE LA IGLESIA

La Iglesia posee una serie de libros, además del Misal Romano, que se utiliza en las misas, que se conocen como "Rituales". Los hay para cada sacramento en particular, como el ritual del bautismo, el de la confirmación... Y otros, que, aunque no se refieren a un sacramento en particular, pueden relacionarse con momentos o situaciones de la vida. Entre estos tenemos el Ritual de Exequias.

El Ritual de Exequias es un libro bastante amplio. Además de las lecturas bíblicas apropiadas para la circunstancia, contiene dos maneras de hacer las exequias: con canto y sin canto. También incluye los diversos momentos en que celebran los ritos exequiales. Para comprender mejor el sentido de las exequias, dejemos que el mismo libro, en su introducción, nos lo explique:

> «La Iglesia, en las exequias de sus hijos, celebra el misterio pascual, para que quienes por el bautismo fueron incorporados a Cristo, muerto y resucitado, pasen también con Él a la vida eterna, primero con el alma, que tendrá que purificarse para entrar en el cielo con los santos y elegidos, después con el cuerpo, que deberá aguardar la bienaventurada esperanza del advenimiento de Cristo y la resurrección de los muertos.
>
> «Por tanto, la Iglesia ofrece por los difuntos el sacrificio eucarístico de la Pascua de Cristo, y reza y celebra sufragios por ellos, de modo que, comunicándose entre sí todos los miembros de Cristo, éstos impetran para los difuntos el auxilio espiritual y, para los demás, el consuelo de la esperanza.
>
> «En la celebración de las exequias por sus hermanos, procuren los cristianos afirmar la esperanza en la vida eterna, pero teniendo en cuenta la mentalidad de la época y las costumbres de cada región, concernientes a los difuntos. Por tanto, ya se trate de tradiciones familiares, de costumbres locales o de empresas de pompas fúnebres, aprueben de buen grado todo lo bueno que en ellas encuentren y procuren transformar todo lo que aparezca como contrario al Evangelio, de modo que las exequias cristianas manifiesten la fe pascual y el verdadero espíritu evangélico.
>
> «Dejada de lado toda vana ostentación, es conveniente honrar los cuerpos de los fieles difuntos, que han sido templos del Espíritu Santo. Por eso, por lo menos en los momentos más importantes entre la muerte y la sepultura, se debe afirmar la fe en la vida eterna y orar por los difuntos.
>
> «Los principales momentos pueden ser, según la costumbre de los lugares: la vigilia en la casa del difunto, la colocación del cuerpo en el féretro y su traslado al sepulcro, previa reunión de los familiares y, si fuera posible, de toda la comunidad, para escuchar, en la liturgia de la palabra, el consuelo de la esperanza, para ofrecer el sacrificio eucarístico y para la última despedida al difunto».
>
> *Ritual de Exequias*, Praenotanda, Nros. 1-3.

A. Vigilia por el difunto

La vigilia es el primer momento de la celebración de las exequias por el difunto. Popularmente se le conoce como el "rosario" que precede la tarde anterior al día del entierro. La intención de la Iglesia va más allá del rezo del rosario. La vigilia es un momento fuerte de oración de la comunidad cristiana intercediendo ante Dios Padre por el hermano fallecido y dando apoyo a sus familiares.

Cuándo se celebra, como su nombre lo indica, debe ser anterior al día de la misa de exequias. El carácter de vigilia indica estar alertas, despiertos en oración, preparados para el encuentro con el Señor. La hora más apropiada para la celebración de la vigilia es cuando todos han regresado del trabajo de cada día, pero no muy tarde que afecte el trabajo del día siguiente. `

La vigilia debería prolongarse no más de una hora. Es conveniente dejar tiempo y espacio para compartir con los familiares del difunto que pueden estar desconcertados y necesitan nuestro apoyo.

La vigilia puede celebrarse en la casa del difunto, en la funeraria o en el templo parroquial. Si se celebra en el templo, no debe ser antes de la misa exequial para que ésta no se alargue demasiado ni quede duplicada la Liturgia de la Palabra.

Un sacerdote, un diácono o un laico pueden dirigir la vigilia.

La vigilia puede tener forma de Liturgia de la Palabra: lecturas del Antiguo y Nuevo Testamentos, cantos, salmos y oraciones de intercesión. Puede también incluir una breve homilía o reflexión por el que la dirige. La vigilia es un momento apropiado para que familiares y amigos compartan historias, reflexiones y elogios sobre la vida del difunto. El rezo del rosario no puede suplir la celebración de la vigilia, aunque la puede acompañar.

B. Misa de Exequias o Funeral

La misa de exequias es el centro de la celebración litúrgica por el difunto. La comunidad cristiana reafirma su esperanza en la resurrección de los muertos, "quienes por el bautismo han compartido ya la muerte de Cristo, compartan, también con Él, la gloria de la resurrección".

Regularmente, la misa de exequias se celebra en el templo parroquial el día del entierro, a no ser que éste haya tenido lugar o se retrase para otro momento.

Preside la misa exequial el presbítero, que puede estar acompañado del diácono. Cuando es un diácono quien preside la celebración de la liturgia de exequias, éste puede dar la comunión, pero entonces las exequias se celebran sin misa.

En la celebración de la misa de exequias hay tres momentos importantes: el recibimiento del féretro en la puerta de la Iglesia, las liturgias de la Palabra y la Eucaristía y el último adiós al cuerpo del difunto.

En el atrio del templo se recibe ataúd y en señal de nuestro bautismo, de la vestidura blanca que se recibió entonces, se le cubre con el palio (lienzo de color blanco) mientras que el canto de entrada acompaña la procesión hacia el altar.

El ataúd se coloca con los pies de difunto hacia el altar (si ha sido miembro del clero —sacerdote o diacono- se coloca con la cabeza hacia el altar pues cada quien ha de ser colocado de la manera cómo atendía a la celebración eucarística mientras vivía). Al lado del ataúd se coloca el cirio pascual, que suele encenderse al llegar la procesión.

La misa se celebra como de costumbre. Se tienen las lecturas de la Palabra de Dios y la homilía explica nuestra participación en el misterio pascual y nuestra esperanza en la resurrección. Con la oración de los fieles la Iglesia intercede por el que ha fallecido y los familiares desconsolados.

Terminada la comunión se procede al momento del último adiós al cuerpo del difunto. Luego de unos responsorios, se asperja con agua bendita y se inciensa el féretro. Antes de la bendición final algún familiar o, en su defecto, el mismo celebrante, puede agradecer a los presentes su asistencia y dar breves indicaciones de lo que se hará terminada la misa o el entierro.

Con el canto de despedida concluye el rito de la recomendación final o último adiós. Este canto, entonado por la asamblea, tiene una función específica: afirmar la esperanza en el Misterio Pascual.

Se inicia entonces la procesión hacia el último lugar de descanso. El cuerpo es llevado en procesión al cementerio o al lugar del sepelio.

Los cantos para la misa de exequias siguen el mismo orden y criterio que los cantos en otras misas o celebraciones: Cantos para acompañar algunos momentos, como las procesiones de entrada, del ofertorio y salida, cantos que son ritos en la misa, como el santo, el cordero, etc... Algunos cantos no propiamente litúrgicos pueden tener lugar el día anterior, después de la vigilia o cuando los ritos del entierro hayan concluido.

C. Sepultura/inhumación

Las exequias terminan al depositar el ataúd en su último lugar de descanso.

El entierro tiene lugar a continuación de la misa de exequias (aunque por diversas razones se puede tener en otra ocasión).

El rito de sepultura tiene lugar junto a la tumba abierta o en el sito en donde se va a inhumar los restos. Si esto no es posible, puede hacerse en una capilla del cementerio.

Aunque breve, el rito de sepultura ayuda a los deudos en este difícil momento. Este rito incluye un breve responsorio, preces de intercesión, bendición del sepulcro o lugar del entierro y la bendición final.

D. Ritos Opcionales

Aunque muchas veces resulta difícil encontrar un momento para estos ritos, ellos ayudan a acompañar a los deudos en los momentos de transición y durante el proceso de confrontar la realidad de la muerte.

Oraciones al momento de fallecer

Cuando la muerte se ha esperado tras una larga y penosa enfermedad, es conveniente ayudar asistir al enfermo con los auxilios debidos. Así la atención pastoral tras el sacramento de la Unción de los enfermos se acompaña con el Viático, que es la Sagrada Comunión como fortaleza para el camino de regreso a la casa del Padre y, como parte de esa atención, la recomendación del alma a Dios nuestro Padre al momento de fallecer. También puede haber otras oraciones y lecturas de la Palabra de Dios.

Reunión en presencia del cuerpo

Cuando la familia se junta por primera vez en presencia del cuerpo, si un ministro pastoral está presente puede ofrecer oración y apoyo. Este rito consiste en la lectura de un breve pasaje de la Sagrada Escritura, un salmo, aspersión de agua bendita y el Padre Nuestro.

Traslado del cuerpo a la Iglesia y lugar de la sepultura.

El ritual de exequias ofrece diversos cantos y salmos para los momentos en que se traslada el cadáver de un lugar a otro.

E. Algunas palabras sobre la cremación

La Iglesia Católica no niega los ritos exequiales a quienes eligieron la cremación de su propio cadáver a no ser que conste que dicha cremación fue elegida por motivos contrarios al sentido cristiano de la esperanza en la resurrección después de esta vida.

Cuando se elige cremación, los ritos exequiales pueden tener una de las siguientes opciones.

Cremación después de la liturgia del funeral

Aun cuando se elija la cremación, la Iglesia recomienda que el cuerpo del difunto esté presente para el funeral. La presencia del cuerpo expresa mejor los valores que la Iglesia afirma con el funeral. Cuando la cremación sigue a la liturgia, la liturgia de exequias y otros ritos se celebran en la forma descrita arriba.

Misa de exequias en presencia de los restos cremados

En este caso, las exequias se celebrarán según la forma acostumbrada. Los restos cremados han de ser tratados con el mismo respeto que el cuerpo. Antes de la misa de exequias o como parte de la procesión de entrada a la misa, una vasija digna, en la que se han depositado los restos cremados, se lleva reverentemente a la iglesia. Las cenizas se colocan sobre una base o mesa apropiada, en el lugar que normalmente ocupa el féretro. La misa de exequias comienza como de costumbre; sin embargo, no se coloca el palio sobre los restos cremados. Después de la Comunión, el rito de despedida se asperja e inciensan las cenizas.

Cremación y entierro antes de la liturgia de exequias

Cuando el cuerpo es cremado y enterrado inmediatamente después de su defunción, los ritos de recomendación y entierro se usan en el momento apropiado, aunque ocurran antes de la liturgia del funeral. La vigilia y los otros ritos también se adaptan según sea necesario. Después de la recomendación, la familia y los amigos del difunto se unen a la comunidad para celebrar la liturgia del funeral. Después de la Comunión, se da la bendición y se despide a la concurrencia.

Las cenizas del cuerpo merecen el mismo respeto que los restos del cuerpo entero y deben enterrarse en un cementerio, guardarse en un columbario o disponer de ellos de una manera reverente y permanente.

Una observación sobre la cremación

La Iglesia no quiere un trato diferente para aquellos que son cremados. Por eso se pide encarecidamente que las cenizas queden guardadas en un lugar digno. Las cenizas son traídas a la Iglesia una sola vez, para la liturgia de funeral o exequias, pero nunca más para otras celebraciones como cumple mes o aniversarios.

F. Cementerio, Campo Santo o Columbario

Ya va siendo más común encontrar en grandes basílicas o templos de culto destacados la presencia de criptas o espacios que reciben el nombre de "columbario". Así como la palabra "cementerio" hace referencia al dormitorio, al lugar donde los cuerpos de los cristianos dormían el sueño eterno, la palabra "columbario" es tan antigua como la otra y hace referencia a los nidos de paloma.

En los atrios de la Basílica de Nuestra Señora de Guadalupe, en la Catedral Inconclusa de Zamora, en el nuevo templo del P. Toribio Romo, se encuentran columbarios para guardar las cenizas de los difuntos que han sido cremados.

El entierro se hace en un lugar especial, reservado para el reposo de los difuntos. Teniendo en cuenta las restricciones legales para entierros, el católico puede escoger para ser enterrado tanto en un cementerio católico como en un cementerio sin denominación.

Cementerio católico

Un cementerio católico es un lugar sagrado reservado y bendecido por el obispo de la iglesia local. Es el sitio de reposo de aquellos bautizados que han venerado y vivido su fe cristiana, y en su muerte contemplan las promesas bautismales y descansan con sus compañeros en la fe. Sin embargo, no se requiere ser católico para ser enterrado en un cementerio católico.

Cementerios sin denominación

En algunos lugares se encuentran cementerios laicos que son administrados por la ciudad u otras entidades. Por eso, un católico puede escoger ser enterrado en un cementerio no católico. En este caso es necesario que los ritos finales, los que se realizan en el cementerio, incluya la bendición del lugar de la sepultura, si es que no ha sido bendecido previamente.

UNA MIRADA A LAS SAGRADAS ESCRITURAS

Aunque en la Biblia no encontramos una reflexión propiamente sobre la muerte, podemos decir que se encuentra presente desde la misma realidad de la vida del ser humano. La existencia, el vivir, conlleva la realidad de la muerte y eso lo tiene muy presente el hombre de la Biblia. La primera sentencia de condena que el hombre recibe por su desobediencia lo hace regresar a la tierra de donde había salido (Cfr. Gén 3, 19b). La muerte nos separa de Dios. Por eso, incluso tocar un cadáver hace impuro al hombre e impide el culto debido a Dios (Cfr. Núm 19, 13, Salmo 88 [87], 11).

Para el hombre judío había una esperanza, la muerte no es el aniquilamiento total. Mientras subsiste el cuerpo, o por lo menos, mientras duren los huesos, subsiste el alma, como en un estado de debilidad extrema, una sombra en la morada subterránea del seol (Job 26, 5-6 Is 14, 9-10 Ez 32, 17-32). Por eso cuidaban mucho los cadáveres y le daban mucha importancia a la sepultura, pues creían que el alma sigue sintiendo lo que hace el cuerpo. Quedar abandonado sin sepultura, como presa de las aves y de las bestias del campo, era la peor de las maldiciones (1 Rey 14,11 Jer 16,4 y 22,19 Ez 29,5). El cadáver y la tumba que lo encierra son considerados como impuros y vuelven impuros a los que lo tocan: Lev 21,1-4; 22,4 Núm 19,11-16, Ag 2,13 Ez 43,7.

Entre los cuidados que se daban a los cadáveres está el de cerrarle los ojos: Gén 46,4. Besar el cadáver: Gén 50,1. Se enterraban a los muertos vestidos: 1Sam 28,14. A los guerreros se les enterraba con sus armas, la espada sobre la cabeza y el escudo sobre el cuerpo: Ez 32,27.

En Israel no embalsamaban a los muertos. En la Biblia sólo se nombran dos casos: el de Jacob y el de José Gén 50,2-3 pero que se ponen directamente en relación con las costumbres de Egipto.

El cadáver no se ponía en una caja (2 Rey 13, 21), excepto el caso de José en que se siguió la moda egipcia (Gén 50,26). El cadáver era llevado en una especie de camilla: 2 Sam 3,31 y Lc 7,14.

No se sabe cuánto tiempo pasaba desde la muerte hasta el entierro. Probablemente el intervalo era muy corto. Seguramente se les enterraba el mismo día de fallecido.

Los israelitas no practicaban la incineración, para ellos quemar los cuerpos era un ultraje con el que se castigaba a los grandes culpables: Gén 38,24 Lev 20,14 21,9 o a los enemigos a quienes se quería aniquilar definitivamente: Am 2,1.

La tumba normalmente era excavada en la roca blanda o en una cueva natural. Eran tumbas colectivas donde se ponían varios cadáveres a la vez en una especie de banquetas. Al lado del difunto se dejaban algunos vasos o algunas lámparas. No todas las familias podían permitirse el lujo de poseer y cuidar semejantes tumbas. Los pobres eran sencillamente enterrados, y en Jerusalén, en el valle del Cedrón, había una "tumba de los hijos del pueblo", una fosa común, donde se arrojaba a los apátridas y a los condenados: Jer 26,23 2Rey 23,6. Los ricos se preparaban con tiempo una sepultura digna de su rango: Is 22,16 Job 3,14-16.

Excepto a los reyes de Judá, no existen pruebas de que se enterrase a los muertos en el interior de las ciudades. Las tumbas estaban desparramadas por las pendientes vecinas o se reunían en lugares más favorables por la naturaleza del suelo. La tumba era propiedad de la familia. Quedar uno excluido de la tumba de la familia era castigo de Dios: 1Re 13,21-22.

Tenían varios ritos ante la muerte: Al enterarse de la muerte el primer gesto era rasgarse las vestiduras y vestirse de saco: Gn 37,34; 2 Sam 13,31. Se quitaban el calzado y también el turbante: 2 Sam 15,30, Ez 24,17. Se tumbaban por el suelo (Jer 6,26), y se cubrían la cabeza con ceniza (1Sam 4,12 Jos 7,6), se golpeaban el pecho, entonaban cantos rituales (Is 32,12) y ayunaban (1Sam 31,13).

Se llevaban las manos a la cabeza como señal de duelo o de vergüenza: 2Sam 13,19 Jer 2,37. Se afeitaban en todo o parte de los cabellos de la cabeza o de la barba: Job 1,20 Is 22,12 Jer 16,6 Ez 7,18.

La oración por los difuntos es la acción más noble (2 Macabeos 12,43-45). Éstos y otros ritos religioso-culturales se practican según la Biblia.

LA MUERTE COMO EXPRESIÓN DE LA CULTURA

Respetar y honrar a los difuntos es algo común en todas las culturas. Actualmente, en nuestros pueblos se observa la costumbre de velar a los difuntos, orar por ellos durante nueve días y realizar unas cuantas otras celebraciones en su memoria. Cuando alguien ha fallecido, sus parientes y amigos se reúnen para la despedida.

El petate era la cama y prácticamente la única propiedad privada de los pobres indígenas. Por eso, "liar el petate", podía significar mudarse de lugar o simplemente morir. Es así que "petatearse", coloquialmente, hace referencia a la muerte.

Las creencias en torno a la muerte son muy variadas. Y hay muchas referencias a ellas en los libros de antropología y de historia. Pero existen muchos elementos comunes entre una y otra: la idea del viaje, la necesidad de protección, el alimentarse para el camino y la ayuda incluso algunas veces de animales.

En particular, son interesantes las referencias a la muerte que encontramos en la "Historia de Méjico desde sus tiempos más remotos hasta nuestros días" de Niceto Zamacois, del 1876 y en la "Historia Antigua de México" de Francisco J. Clavijero, edición del 1917.

En ella, ambos autores describen los funerales de los grandes y la gente del pueblo. Con algunas notables diferencias, debido a la importancia del personaje, podemos decir que existían ciertos elementos comunes.

Un cierto grupo de "profesionales", ancianos o sacerdotes, que venían al cadáver y le entregaban una serie de papeles como pasaporte con instrucciones sobre cómo atravesar los diversos lugares por donde debía viajar el alma hasta llegar al paraíso. La cremación era la opción más común, aunque los fallecidos por ciertas enfermedades eran simplemente enterrados. El "techichi", un pequeño perro, que era sacrificado con el mismo tipo de muerte que había sufrido su dueño. Debía ser de color pardo, pues como había que cruzar las aguas de un río, si era negro tal vez no le gustaría bañarse y si era blanco podría decir: "Yo, ya me bañé" …

Al no tener más pertenencias que un simple petate, el difunto era envuelto en el mismo y enterrado o quemado. En algunos lugares que practicaban la cremación, llevaban las cenizas a la vivienda del difunto y con ella trazaban dos líneas, de oriente a poniente, que representa a Tonatiuh, el dios sol, y otra, de norte a sur, simbolizando los pasos del ser humano. A los nueve días recogían esta 'cruz' de cenizas del muerto, amontonándolas en el centro. Creían que de esta manera la muerte era el encuentro de los pasos del dios del difunto y los pasos del hombre. Este era el momento de la verdadera muerte.

Tanto para los altares como para la misma tumba en el cementerio se acostumbra la flor que representa al sol, el dios Tonatiuh, el cempaxúchitl (o marigold, en inglés), o claveles de muerte.

Según una costumbre indígena ancestral, se esperaban nueve días para enterrar un difunto pues creían que el número 1 representaba al cielo, el número 2 a la tierra, el número 3 al aire. El aire era como la escalera para subir al cielo. Cuando había mucho aire: $3+3+3 = 9$, era más fácil pasar de la tierra al cielo.

Hemos heredado la costumbre de colocar en el suelo una cruz de tierra o cal durante los días del novenario. El último día, esa cruz de polvo se recoge y se descarta de una manera respetuosa. La "levantada de la cruz" es el cruce de caminos entre Dios y el hombre.

Aunque la muerte es cosa seria, y se le mira con respeto, es también realidad cercana y familiar. La celebración del día de todos los difuntos ha calado hondamente en la religiosidad popular de nuestros pueblos. Las familias celebran sus muertos: Los niños que murieron sin bautizos se adelantan al 31 de octubre, el 1 de noviembre a los "angelitos" o niños bautizados y el día 2 a los difuntos adultos. Para ello se preparan los altares del día de los muertos. Altares que representan tanto a los niños como a los adultos fallecidos. En las ofrendas se presentan aquellas cosas del gusto del difunto: galletas, atole, frutas, dulces, pan, tamales, gorditas, mole, pulque…

Antiguamente, durante el novenario, la gente danzaba y simulaba comerse al muerto. Para eso hacían calaveras y huesos de amaranto y los acompañaban con pulque. En la actualidad, en noviembre, comemos pan de muerto y calaveras de dulce.

Hoy día se pueden encontrar vestigios de estas costumbres ancestrales que pueden ser reinterpretadas desde nuestra fe en la resurrección.

La idea de una vida después de la muerte estaba presente en las culturas indígenas de América. Nuestra fe nos enseña que hemos sido creados para estar con Dios y por eso participamos de su misma vida divina, poseemos ya en prenda la vida futura.

Así como las velas que se ponían alrededor del difunto tenían la intención de iluminarle el camino que va a recorrer hasta llegar a la otra vida, para nosotros, la llama del Cirio Pascual es señal de la fe que nos alienta, la esperanza que nos anima, pero, sobre todo, la presencia de Cristo Resucitado, luz del mundo, que ha vencido las tinieblas del pecado. Y la cruz, signo de su victoria sobre la muerte.

El agua ha sido un elemento común en los ritos funerarios antiguos prácticamente de todas las culturas. El cristiano ve en ella el recuerdo vivo de su propio bautismo que ha elevado su condición de criatura a la de hijo de Dios. Con nuestro bautismo pasamos de la muerte a la vida, fuimos sepultados con Cristo para participar con Él de una resurrección como la suya. Así que el agua nunca falta en el altar que se levanta en memoria de un difunto o incluso en la misma celebración de la misa de exequias.

En muchas culturas, la celebración en torno a los difuntos está vinculada a una comida. Para el cristiano no hay mejor ocasión para recordar a nuestros antepasados que la misma celebración de la Eucaristía.

Este material que presentamos se ha elaborado conectando con el pasado del cual recibimos algunas costumbres que aun hoy día mantenemos, teniendo en cuenta la piedad popular y las reformas recomendadas por el concilio Vaticano II.

Es conveniente que en el lugar en que se harán estas oraciones se prepare un pequeño altar con un crucifijo en medio de dos velas, la foto de la persona fallecida y algunos otros detalles que puedan favorecer el ambiente de oración.

Las oraciones las puede dirigir cualquiera de la familia o alguien en nombre de la comunidad parroquial. Puede ser la misma persona para los nueve días o una persona diferente para cada día. Las indicaciones, moniciones y lecturas pueden ser repartidas entre varias personas.

DEL COMPENDIO DEL CATECISMO DE LA IGLESIA CATÓLICA

El Catecismo de la Iglesia Católica es el texto que presenta el conjunto de doctrinas fundamentales de la Iglesia de una manera orgánica y sistemática. Este libro está organizado lo que serían cuatro bloques esenciales de la fe cristiana: lo que creemos, lo que celebramos, cómo vivimos y cómo rezamos.

En la primera parte se expone la profesión de fe. Esencialmente es el credo, pero de una manera desarrollada y más amplia. En él se expresa nuestra fe en Dios Padre, Hijo y Espíritu Santo. Fe que vivimos y celebramos en Iglesia. Las últimas palabras del credo nos llevan a expresar nuestra fe en la resurrección y la vida del mundo futuro.

Antiguamente, a esta parte de la teología católica se le conocía con el nombre de los *novísimos*. También se le ha llamado *escatología*, vocablo griego que significa el estudio relativo a las cosas últimas.

Para nuestro interés, vamos a presentar lo que el Compendio del Catecismo de la Iglesia Católica nos presenta particularmente en tres apartados: "Creo en la resurrección de la carne", "Creo en la vida eterna" y "Las exequias cristianas". El Compendio nos presenta lo más esencial del Catecismo, articulado en preguntas y respuestas. La numeración que aparece en la parte superior derecha del párrafo hace referencia a los números en el Catecismo. Se conserva la numeración propia de las preguntas tal y como vienen en el Compendio.

«Creo en la resurrección de la carne»

202. ¿Qué se indica con el término «carne» y cuál es su importancia?

976-980 y 984-985

El término «carne» designa al hombre en su condición de debilidad y mortalidad. «La carne es soporte de la salvación» (Tertuliano). En efecto, creemos en Dios que es el Creador de la carne; creemos en el Verbo hecho carne para rescatar la carne; creemos en la resurrección de la carne, perfección de la Creación y de la redención de la carne.

203. ¿Qué significa la expresión «resurrección de la carne»?

990

La expresión «resurrección de la carne» significa que el estado definitivo del hombre no será solamente el alma espiritual separada del cuerpo, sino que también nuestros cuerpos mortales un día volverán a tener vida.

204. ¿Qué relación existe entre la resurrección de Cristo y la nuestra?

988-991 y 1002-1003

Así como Cristo ha resucitado verdaderamente de entre los muertos y vive para siempre, así también Él resucitará a todos en el último día, con un cuerpo incorruptible: «los que hayan hecho el bien resucitarán para la vida, y los que hayan hecho el mal, para la condenación» (Jn 5, 29).

205. ¿Qué sucede con la muerte a nuestro cuerpo y a nuestra alma?

Con la muerte, que es separación del alma y del cuerpo, éste cae en la corrupción, mientras el alma, que es inmortal, va al encuentro del juicio de Dios y espera volverse a unir al cuerpo, cuando éste resurja transformado en la segunda venida del Señor. Comprender *cómo* tendrá lugar la resurrección sobrepasa la posibilidad de nuestra imaginación y entendimiento.

206. ¿Qué significa morir en Cristo Jesús?

1005-1014 y 1019

Morir en Cristo Jesús significa morir en gracia de Dios, sin pecado mortal. Así el creyente en Cristo, siguiendo su ejemplo, puede transformar la propia muerte en un acto de obediencia y de amor al Padre. «Es cierta esta afirmación: si hemos muerto con Él, también viviremos con Él» (2 Tm 2, 11).

«Creo en la vida eterna»

207. ¿Qué es la vida eterna?

1020 y 1051

La vida eterna es la que comienza inmediatamente después de la muerte. Esta vida no tendrá fin; será precedida para cada uno por un juicio particular por parte de Cristo, juez de vivos y muertos, y será ratificada en el juicio final.

208. ¿Qué es el juicio particular?

1021-1022 y 1051

Es el juicio de retribución inmediata, que, en el momento de la muerte, cada uno recibe de Dios en su alma inmortal, en relación con su fe y sus obras. Esta retribución consiste en el acceso a la felicidad del cielo, inmediatamente o después de una adecuada purificación, o bien de la condenación eterna al infierno.

209. ¿Qué se entiende por cielo?

1023-1026 y 1053

Por cielo se entiende el estado de felicidad suprema y definitiva. Todos aquellos que mueren en gracia de Dios y no tienen necesidad de posterior purificación, son reunidos en torno a Jesús, a María, a los ángeles y a los santos, formando así la Iglesia del cielo, donde ven a Dios «cara a cara» (1 Co 13, 12), viven en comunión de amor con la Santísima Trinidad e interceden por nosotros.

«La vida subsistente y verdadera es el Padre que, por el Hijo y en el Espíritu Santo, derrama sobre todos sin excepción los dones celestiales. Gracias a su misericordia, nosotros también, hombres, hemos recibido la promesa indefectible de la vida eterna» (San Cirilo de Jerusalén).

210 ¿Qué es el purgatorio?

1030-1031 y 1054

El purgatorio es el estado de los que mueren en amistad con Dios, pero, aunque están seguros de su salvación eterna, necesitan aún de purificación para entrar en la eterna bienaventuranza.

211. ¿Cómo podemos ayudar en la purificación de las almas del purgatorio?

1032

En virtud de la comunión de los santos, los fieles que peregrinan aún en la tierra pueden ayudar a las almas del purgatorio ofreciendo por ellas oraciones de sufragio, en particular el sacrificio de la Eucaristía, pero también limosnas, indulgencias y obras de penitencia.

212. ¿En qué consiste el infierno?

1033-1035 y 1056-1057

Consiste en la condenación eterna de todos aquellos que mueren, por libre elección, en pecado mortal. La pena principal del infierno consiste en la separación eterna de Dios, en quien únicamente encuentra el hombre la vida y la felicidad para las que ha sido creado y a las que aspira. Cristo mismo expresa esta realidad con las palabras «Alejaos de mí, malditos al fuego eterno» (Mt 25, 41).

213. ¿Cómo se concilia la existencia del infierno con la infinita bondad de Dios?

1036-1037

Dios quiere que «todos lleguen a la conversión» (2 P 3, 9), pero, habiendo creado al hombre libre y responsable, respeta sus decisiones. Por tanto, es el hombre mismo quien, con plena autonomía, se excluye voluntariamente de la comunión con Dios si, en el momento de la propia muerte, persiste en el pecado mortal, rechazando el amor misericordioso de Dios.

214. ¿En qué consistirá el juicio final?

1038-1041 y 1058-1059

El juicio final (universal) consistirá en la sentencia de vida bienaventurada o de condena eterna que el Señor Jesús, retornando como juez de vivos y muertos, emitirá respecto «de los justos y de los pecadores» (Hch 24, 15), reunidos todos juntos delante de sí. Tras del juicio final, el cuerpo resucitado participará de la retribución que el alma ha recibido en el juicio particular.

215. ¿Cuándo tendrá lugar este juicio?

1040

El juicio final sucederá al fin del mundo, del que sólo Dios conoce el día y la hora.

216. ¿Qué es la esperanza de los cielos nuevos y de la tierra nueva?

1042-1050 y 1060

Después del juicio final, el universo entero, liberado de la esclavitud de la corrupción, participará de la gloria de Cristo, inaugurando «los nuevos cielos y la tierra nueva» (2 P 3, 13). Así se alcanzará la plenitud del Reino de Dios, es decir, la realización definitiva del designio salvífico de Dios de «hacer que todo tenga a Cristo por Cabeza, lo que está en los cielos y lo que está en la tierra» (Ef 1, 10). Dios será entonces «todo en todos» (1 Co 15, 28), en la vida eterna.

Las Exequias Cristianas

354. ¿Qué relación existe entre los sacramentos y la muerte del cristiano?

1680-1683

El cristiano que muere en Cristo alcanza, al final de su existencia terrena, el cumplimiento de la nueva vida iniciada con el Bautismo, reforzada con la Confirmación y alimentada en la Eucaristía, anticipo del banquete celestial. El sentido de la muerte del cristiano se manifiesta a la luz de la Muerte y Resurrección de Cristo, nuestra única esperanza; el cristiano que muere en Cristo Jesús va «a vivir con el Señor» (2 Co 5, 8).

355. ¿Qué expresan las exequias?

1684-1685

Las exequias, aunque se celebren según diferentes ritos, respondiendo a las situaciones y a las tradiciones de cada región, expresan el carácter pascual de la muerte cristiana, en la esperanza de la resurrección, y el sentido de la comunión con el difunto, particularmente mediante la oración por la purificación de su alma.

356. ¿Cuáles son los momentos principales de las exequias?

1686-1690

De ordinario, las exequias comprenden cuatro momentos principales: la acogida de los restos mortales del difunto por parte de la comunidad, con palabras de consuelo y esperanza para sus familiares; la liturgia de la Palabra; el sacrificio eucarístico; y «el adiós», con el que se encomienda el alma del difunto a Dios, fuente de vida eterna, mientras su cuerpo es sepultado en la esperanza de la Resurrección.

DEL «DIRECTORIO SOBRE LA PIEDAD POPULAR Y LA LITURGIA».

Por piedad popular se entiende la manera en que el pueblo ha integrado la vivencia de la fe en su cultura. No es tanto la respuesta personal e individual ante el hecho religioso, sino que implica necesariamente la conciencia de pueblo y comunidad. Aunque una definición de la piedad popular no resulta fácil por los diferentes elementos que implica, lo que usualmente podemos contemplar son sus expresiones.

En el 2002, la Congregación para la disciplina de los Sacramentos y el Culto Divino publicó el Directorio sobre la piedad popular y la liturgia con la finalidad de orientar y, en algunos casos, prevenir de abusos y desviaciones las diversas devociones que han ido surgiendo a lo largo de los siglos en el seno de la Iglesia. El documento ofrece una serie de orientaciones para los ejercicios de piedad centradas en la historia, la teología y la liturgia, al tiempo que brinda sugerencias prácticas sobre el tiempo, el lugar, el lenguaje y otros elementos para armonizar las acciones litúrgicas y los ejercicios de piedad.

En nuestro caso nos interesa destacar lo que dicho documento contiene en relación a las expresiones de devoción y piedad popular en lo referente a la muerte.

Capítulo VII
Los Sufragios por los Difuntos

La fe en la resurrección de los muertos

248. "El máximo enigma de la vida humana es la muerte". Sin embargo, la fe en Cristo convierte este enigma en certeza de vida sin fin. Él proclamó que había sido enviado por el Padre "para que todo el que crea en Él no muera, sino que tenga la vida eterna" (Jn 3,16) y también: "Esta es la voluntad de mi Padre, que todo el que ve al Hijo y cree en Él tenga vida eterna; yo le resucitaré en el último día" (Jn 6,40). Por eso, en el Símbolo Niceno-Constantinopolitano la Iglesia profesa su fe en la vida eterna: "Espero la resurrección de los muertos y la vida del mundo futuro".

Apoyándose en la Palabra de Dios, la Iglesia cree y espera firmemente que "del mismo modo que Cristo ha resucitado verdaderamente de entre los muertos, y que vive para siempre, igualmente los justos después de su muerte vivirán para siempre con Cristo resucitado".

249. La fe en la resurrección de los muertos, elemento esencial de la revelación cristiana, implica una visión particular del hecho ineludible y misterioso que es la muerte.

La muerte es el final de la etapa terrena de la vida, pero "no de nuestro ser", pues el alma es inmortal. "Nuestras vidas están medidas por el tiempo, en el curso del cual cambiamos, envejecemos y como en todos los seres vivos de la tierra, al final aparece la muerte como terminación normal de la vida"; desde el punto de vista de la fe, la muerte es también "el fin de la peregrinación terrena del hombre, del tiempo de gracia y de misericordia que Dios le ofrece para realizar su vida terrena según el designio divino y para decidir su último destino".

Si por una parte la muerte corporal es algo natural, por otra parte, se presenta como "castigo del pecado" (Rom 6,23). El Magisterio de la Iglesia, interpretando auténticamente las afirmaciones de la Sagrada Escritura (cfr. Gn 2,17; 3,3; 3,19; Sab 1,13; Rom 5,12; 6,23), "enseña que la muerte ha entrado en el mundo a causa del pecado del hombre".

También Jesús, Hijo de Dios, "nacido de mujer, nacido bajo la Ley" (Gal 4,4) ha padecido la muerte, propia de la condición humana; y, a pesar de su angustia ante la misma (cfr. Mc 14,33-34; Heb 5,7-8), "la asumió en un acto de sometimiento total y libre a la voluntad del Padre. La obediencia de Jesús transformó la maldición de la muerte en bendición".

La muerte es el paso a la plenitud de la vida verdadera, por lo que la Iglesia, invirtiendo la lógica y las expectativas de este mundo, llama *dies natalis* al día de la muerte del cristiano, día de su nacimiento para el cielo, donde "no habrá más muerte, ni luto, ni llanto, ni preocupaciones, porque las cosas de antes han pasado" (Ap 21,4); es la prolongación, en un modo nuevo, del acontecimiento de la vida, porque como dice la Liturgia: "la vida de los que en ti creemos, Señor, no termina, se transforma; y al deshacerse nuestra morada terrenal, adquirimos una mansión eterna en el cielo".

Finalmente, la muerte del cristiano es un acontecimiento de gracia, que tiene en

Cristo y por Cristo un valor y un significado positivo. Se apoya en la enseñanza de las Escrituras: "Para mí vivir es Cristo, y una ganancia el morir" (Fil 1,21); "Es doctrina segura: si morimos con Él, viviremos con Él" (2 Tim 2,11).

250. Según la fe de la Iglesia el "morir con Cristo" comienza ya en el Bautismo: allí el discípulo del Señor ya está sacramentalmente "muerto con Cristo", para vivir una vida nueva; y si muere en la gracia de Dios, a la muerte física ratifica este "morir con Cristo" y lo lleva a la consumación, incorporándole plenamente y para siempre en Cristo Redentor.

La Iglesia, por otra parte, en su oración de sufragio por las almas de los difuntos, implora la vida eterna no sólo para los discípulos de Cristo muertos en su paz, sino también para todos los difuntos, cuya fe sólo Dios ha conocido.

Sentido de los sufragios

251. En la muerte, el justo se encuentra con Dios, que lo llama a sí para hacerle partícipe de la vida divina. Pero nadie puede ser recibido en la amistad e intimidad de Dios si antes no se ha purificado de las consecuencias personales de todas sus culpas. "La Iglesia llama *Purgatorio* a esta purificación final de los elegidos, que es completamente distinta del castigo de los condenados. La Iglesia ha formulado la doctrina de la fe relativa al Purgatorio sobre todo en los Concilios de Florencia y de Trento".

De aquí viene la piadosa costumbre de ofrecer sufragios por las almas del Purgatorio, que son una súplica insistente a Dios para que tenga misericordia de los fieles difuntos, los purifique con el fuego de su caridad y los introduzca en el Reino de la luz y de la vida.

Los sufragios son una expresión cultual de la fe en la Comunión de los Santos. Así, "la Iglesia que peregrina, desde los primeros tiempos del cristianismo tuvo perfecto conocimiento de esta comunión de todo el Cuerpo Místico de Jesucristo, y así conservó con gran piedad el recuerdo de los difuntos, y ofreció sufragios por ellos, "porque santo y saludable es el pensamiento de orar por los difuntos para que queden libres de sus pecados" (2 Mac 12,46)". Estos sufragios son, en primer lugar, la celebración del sacrificio eucarístico, y después, otras expresiones de piedad como oraciones, limosnas, obras de misericordia e indulgencias aplicadas en favor de las almas de los difuntos.

Las exequias cristianas

252. En la Liturgia romana, como en otras liturgias latinas y orientales, son frecuentes y variados los sufragios por los difuntos.

Las exequias cristianas comprenden, según las tradiciones, tres momentos, aunque con frecuencia y debido a las condiciones de vida profundamente cambiadas, propias de las grandes áreas urbanas, se reducen a dos o a uno solo:

- La *vigilia de oración* en casa del difunto, según las circunstancias, o en otro lugar adecuado, donde parientes y amigos, fieles, se reúnen para elevar a Dios una oración de sufragio, escuchar las "palabras de vida eterna" y a la luz de éstas, superar las perspectivas de este mundo y dirigir el espíritu a las auténticas perspectivas de la fe en Cristo resucitado; para confortar a los familiares del difunto; para mostrar la solidaridad cristiana según las palabras del Apóstol: "llorad con lo que lloran" (Rom 12,15).

- La *celebración de la Eucaristía*, que es absolutamente aconsejable, cuando sea posible. En ella, la comunidad eclesial escucha "la Palabra de Dios, que proclama el misterio pascual, alienta la esperanza de encontrarnos también un día en el reino de Dios, reaviva la piedad con los difuntos y exhorta a un testimonio de vida verdaderamente cristiano", y el que preside comenta la Palabra proclamada, conforme a las características de la homilía, "evitando la forma y el estilo del elogio fúnebre". En la Eucaristía "La Iglesia expresa entonces su comunión eficaz con el difunto: ofreciendo al Padre, en el Espíritu Santo, el sacrificio de la muerte y resurrección de Cristo, pide que su hijo sea purificado de sus pecados y de sus consecuencias, y que sea admitido a la plenitud pascual de la mesa del Reino". Una lectura profunda de la Misa de exequias, permite captar cómo la Liturgia ha hecho de la Eucaristía, el banquete escatológico, el verdadero *refrigerium* cristiano por el difunto.

- El *rito de la despedida, el cortejo fúnebre* y la sepultura: la despedida es el adiós (ad Deum) al difunto, "recomendación a Dios" por parte de la Iglesia, el "último saludo dirigido por la comunidad cristiana a un miembro suyo antes de que su cuerpo sea llevado a la sepultura". En el cortejo fúnebre, la madre Iglesia, que ha llevado sacramentalmente en su seno al cristiano durante peregrinación terrena, acompaña el cuerpo del difunto al lugar de su descanso, en espera del día de la resurrección (cfr. 1 Cor 15,42-44).

253. Cada uno de estos momentos de las exequias cristianas se debe realizar con dignidad y sentido religioso. Así, es preciso que: el cuerpo del difunto, que ha sido templo del Espíritu Santo, sea tratado con gran respeto; que la ornamentación fúnebre sea decorosa, ajena a toda forma de ostentación y despilfarro; los signos litúrgicos, como la cruz, el cirio pascual, el agua bendita y el incienso, se usen de manera apropiada.

254. Separándose del sentido de la momificación, del embalsamamiento o de la cremación, en las que se esconde, quizá, la idea de que la muerte significa la destrucción total del hombre, la piedad cristiana ha asumido, como forma de sepultura de los fieles, la inhumación. Por una parte, recuerda la tierra de la cual ha sido sacado el hombre (cfr. Gn 2,6) y a la que ahora vuelve (cfr. Gn 3,19; Sir 17,1); por otra parte, evoca la sepultura de Cristo, grano de trigo que, caído en tierra, ha producido mucho fruto (cfr. Jn 12,24).

Sin embargo, en nuestros días, por el cambio en las condiciones del entorno y de la vida, está en vigor la praxis de quemar el cuerpo del difunto. Respecto a esta cuestión, la legislación eclesiástica dispone que: "A los que hayan elegido la cremación de su cadáver se les puede conceder el rito de las exequias cristianas, a no ser que su elección haya estado motivada por razones contrarias a la doctrina cristiana". Respecto a esta opción, se debe exhortar a los fieles a no conservar en su casa las cenizas de los familiares, sino a darles la sepultura acostumbrada, hasta que Dios haga resurgir de la tierra a aquellos que reposan allí y el mar restituya a sus muertos (cfr. Ap 20,13).

Otros sufragios

255. La Iglesia ofrece el sacrificio eucarístico por los difuntos con ocasión, no sólo de la celebración de los funerales, sino también en los días tercero, séptimo y trigésimo, así como en el aniversario de la muerte; la celebración de la Misa en sufragio de las almas de los propios difuntos es el modo cristiano de recordar y prolongar, en el Señor, la comunión con cuantos han cruzado ya el umbral de la muerte. El 2 de Noviembre, además, la Iglesia ofrece repetidamente el santo sacrificio por todos los fieles difuntos, por los que celebra también la Liturgia de las Horas.

Cada día, tanto en la celebración de la Eucaristía como en las Vísperas, la Iglesia no deja de implorar al Señor con súplicas, para que dé a "los fieles que nos han precedido con el signo de la fe... y a todos los que descansan en Cristo, el lugar del consuelo, de la luz y de la paz".

Es importante, pues, educar a los fieles a la luz de la celebración eucarística, en la que la Iglesia ruega para que sean asociados a la gloria del Señor resucitado todos los fieles difuntos, de cualquier tiempo y lugar, evitando el peligro de una visión posesiva y particularista de la Misa por el "propio" difunto. La celebración de la Misa en sufragio por los difuntos es además una ocasión para una catequesis sobre los novísimos.

La memoria de los difuntos en la piedad popular

256. Al igual que la Liturgia, la piedad popular se muestra muy atenta a la memoria de los difuntos y es solícita en las oraciones de sufragio por ellos.

En la "memoria de los difuntos", la cuestión de la relación entre Liturgia y piedad popular se debe afrontar con mucha prudencia y tacto pastoral, tanto en lo referente a cuestiones doctrinales como en la armonización de las acciones litúrgicas y los ejercicios de piedad.

257. Es necesario, ante todo, que la piedad popular sea educada por los principios de la fe cristiana, como el sentido pascual de la muerte de los que, mediante el Bautismo, se han incorporado al misterio de la muerte y resurrección de Cristo (cfr. Rom 6,3-10); la inmortalidad del alma (cfr. Lc 23,43); la comunión de los santos, por la que "la unión... con los hermanos que durmieron en la paz de Cristo, de ninguna manera se interrumpe; antes bien, según la constante fe de la Iglesia, se fortalece con la comunicación de los bienes espirituales": "nuestra oración por ellos puede no solamente ayudarles, sino también hacer eficaz su intercesión en nuestro favor"; la resurrección de la carne; la manifestación gloriosa de Cristo, "que vendrá a juzgar a los vivos y a los muertos"; la retribución conforme a las obras de cada uno; la vida eterna.

En los usos y tradiciones de algunos pueblos, respecto al "culto de los muertos", aparecen elementos profundamente arraigados en la cultura y en unas determinadas concepciones antropológicas, con frecuencia determinadas por el deseo de prolongar los vínculos familiares, y por así decir, sociales, con los difuntos. Al examinar y valorar estos usos se deberá actuar con cuidado, evitando, cuando no estén en abierta oposición al Evangelio, interpretarlos apresuradamente como restos del paganismo.

258. Por lo que se refiere a los aspectos doctrinales, hay que evitar:

- el peligro de que permanezcan, en la piedad popular para con los difuntos, elementos o aspectos inaceptables del culto pagano a los antepasados;

- la invocación de los muertos para prácticas adivinatorias;

- la atribución a sueños, que tienen por objeto a personas difuntas, supuestos significados o consecuencias, cuyo temor condiciona el actuar de los fieles;

- el riesgo de que se insinúen formas de creencia en la reencarnación;

- el peligro de negar la inmortalidad del alma y de separar el acontecimiento de la muerte de la perspectiva de la resurrección, de tal manera que la religión cristiana apareciera como una religión de muertos;

- la aplicación de categorías espacio temporales a la condición de los difuntos.

259. Esta muy difundido en la sociedad moderna, y con frecuencia tiene consecuencias negativas, el error doctrinal y pastoral de "ocultar la muerte y sus signos".

Médicos, enfermeros, parientes, piensan frecuentemente que es un deber ocultar al enfermo, que por el desarrollo de la hospitalización suele morir, casi siempre, fuera de su casa, la inminencia de la muerte.

Se ha repetido que en las grandes ciudades de los vivos no hay sitio para los muertos: en las pequeñas habitaciones de los edificios urbanos, no se puede habilitar un "lugar para una vigilia fúnebre"; en las calles, debido a un tráfico congestionado, no se permiten los lentos cortejos fúnebres que dificultan la circulación; en las áreas urbanas, el cementerio, que antes, al menos en los pueblos, estaba en torno o en las cercanías de la Iglesia – era un verdadero campo santo y signo de la comunión con Cristo de los vivos y los muertos – se sitúa en la periferia, cada vez más lejano de la ciudad, para que con el crecimiento urbano no se vuelva a encontrar dentro de la misma.

La civilización moderna rechaza la "visibilidad de la muerte", por lo que se esfuerza en eliminar sus signos. De aquí viene el recurso, difundido en un cierto número de países, a conservar al difunto, mediante un proceso químico, en su aspecto natural, como si estuviera vivo (*tanatopraxis*): el muerto no debe aparecer como muerto, sino mantener la apariencia de vida.

El cristiano, para el cual el pensamiento de la muerte debe tener un carácter familiar y sereno, no se puede unir en su fuero interno al fenómeno de la "intolerancia respecto a los muertos", que priva a los difuntos de todo lugar en la vida de las ciudades, ni al rechazo de la "visibilidad de la muerte", cuando esta intolerancia y rechazo están motivados por una huida irresponsable de la realidad o por una visión materialista, carente de esperanza, ajena a la fe en Cristo muerto y resucitado.

También el cristiano se debe oponer con toda firmeza a las numerosas formas de "comercio de la muerte", que, aprovechando los sentimientos de los fieles, pretenden simplemente obtener ganancias desmesuradas y vergonzosas.

260. La piedad popular para con los difuntos se expresa de múltiples formas, según los lugares y las tradiciones.

- la novena de los difuntos como preparación y el octavario como prolongación de la Conmemoración del 2 de Noviembre; ambos se deben celebrar respetando las normas litúrgicas;

- la visita al cementerio; en algunas circunstancias se realiza de forma comunitaria, como en la Conmemoración de todos los fieles difuntos, al final de las misiones populares, con ocasión de la toma de posesión de la parroquia por el nuevo párroco; en otras se realiza de forma privada, como cuando los fieles se acercan a la tumba de sus seres queridos para mantenerla limpia y adornada con luces y flores; esta visita debe ser una muestra de la relación que existe entre el difunto y sus allegados, no expresión de una obligación, que se teme descuidar por una especie de temor supersticioso;

- la adhesión a cofradías y otras asociaciones, que tienen como finalidad "enterrar a los muertos" conforme a una visión cristiana del hecho de la muerte, ofrecer sufragios por los difuntos, ser solidarios y ayudar a los familiares del fallecido;

- los sufragios frecuentes, de los que ya se ha hablado, mediante limosnas y otras obras de misericordia, ayunos, aplicación de indulgencias y sobre todo oraciones, como la recitación del salmo *De profundis*, de la breve fórmula *Requiem aeternam*, que suele acompañar con frecuencia al Ángelus, el santo Rosario, la bendición de la mesa familiar.

RAMON PONS

2 ANTES, DURANTE Y DESPUÉS DE LA MUERTE

I. A la propia muerte o la de un ser querido

Para una buena muerte

Señor, creador y redentor mío, yo acepto de corazón mi sentencia de muerte en cumplimiento de tu voluntad y con espíritu de adoración.

Quiero morir como devoto hijo de la Iglesia y pasar a la eternidad con las mejores disposiciones de fe, esperanza y caridad y dolor de mis pecados. Espero renovar, por lo menos interiormente, las promesas bautismales. Te ofrezco, Señor, todas las circunstancias, aun las más dolorosas, que acompañarán mi última hora, en reparación de mis pecados y para que tú me des el paraíso.

Invoco a los tres grandes modelos de la buena muerte: a Jesús Crucificado, con quien deseo pronunciar las palabras: "Padre, en tus manos encomiendo mi espíritu"; a la Virgen María, para que ruegue por mí ahora y en la hora de mi muerte; y a san José, para que me alcance una santa vida, para merecer una muerte como la suya.

Jesús agonizante, María dolorosa, san José, les pido estas gracias:

- Una santa vida, en la fiel observancia de los mandamientos y de todos los compromisos de mi estado, el don de una muerte santa, ya que de ella depende la eternidad.
- El don de recibir los sacramentos de la reconciliación, la unción de los enfermos, el viático y la indulgencia plenaria.
- La correspondencia a mi vocación, según los dones que he recibido, para que mi vida dé mayores frutos para gloria de Dios y para mi felicidad eterna.

Recompensa, Señor, con tu misericordia a cuantos me han beneficiado; acepta la ofrenda de mi vida, por aquellos a los que di mal ejemplo y por cuantos me ofendieron; hazme partícipe de los méritos de mi Redentor.

Jesús, yo creo en ti. Yo espero el paraíso. Jesús, yo te amo con todo mi corazón. Jesús, perdóname todos mis pecados. Amen.

Acto de aceptación de la muerte

Dios mío, pienso en el momento próximo y decisivo de mi muerte. Absoluta separación del alma y de todo lo del mundo. Apartado, arrancado de la tierra y arrojado a los pies del juez infalible.

Todo lo que alegra a los sentidos, todo lo que me alimenta, el orgullo, muere.

Vanidad, riqueza, honores, poder, placeres, fama, amistades, negocios, profesión, todo muere

Solo queda una cosa: la satisfacción de haber amado a Cristo, de haber amado en Él a los hombres, mis hermanos, de haberlos amado humildemente, calladamente, hasta la locura de la cruz ¡sólo eso queda!

¡Oh Señor Dios mío! Con ánimo resignado y generoso, desde ahora acepto de tus manos cualquier género de muerte que te plazca enviarme, con todos los dolores y angustias que la acompañen.

Señor acuérdate de mí, en mis últimos momentos

"Acuérdate de mí, Señor, cuando estés en tu Reino", decía el buen ladrón en su última hora. Acuérdate de mí, Señor, en mis últimos momentos.

Ayúdame en aquella hora por la fuerza de tus armas que son los sacramentos.

Que desciendan sobre mí las palabras de la absolución.

Que el óleo sagrado, me unja y me selle.

Que tu propio Cuerpo me alimente y que tu Sangre divina me lave.

Haz que María, mi Madre dulcísima, se incline sobre mí.

Que mi Ángel de la Guarda musite a mis oídos palabras de paz.

Que mis santos patronos me sonrían. Con ellos, por sus oraciones, dame, Señor, el don de la perseverancia.

Que, en fin, pueda morir, como he deseado vivir, en tu fe, en tu Iglesia, en tu servicio y en tu amor. Amén.

Preparación práctica para la muerte

Imagínate que estás tendido en el lecho, y agonizante ya; el cabello erizado, las mejillas hundidas, los ojos cristalizados, la nariz afilada, la respiración difícil y fatigosa, cubierto de un sudor frío, con la vela en la mano, que no puedes ya sostener por faltarte las fuerzas: un sacerdote al lado, leyéndote la recomendación del alma, y los circunstantes consternados, esperando que des las últimas boqueadas. Como entonces no estará la cabeza para ello, haz ahora los actos siguientes:

Aceptación de la muerte.

Adoro, Dios mío, tu infinita grandeza; te reconozco por supremo Señor de todo lo creado, árbitro de la vida y de la muerte, y me someto al decreto que has pronunciado contra mí. Lo acepto en espíritu de penitencia, y en unión de la muerte que tú sufriste por mí, deseando rendirte profundo homenaje con este sacrificio, y expiar el mal uso que hice de mi vida.

Acepto desde ahora la muerte, con todas las angustias y dolores que la acompañan, en el tiempo, forma y manera que sea de más agrado a tu soberana Majestad. Sí, consiento, Jesús mío, en que mi alma sea separada del cuerpo, en castigo de haberse tantas veces separado de ti por el pecado. Acepto la pérdida y privación de mis sentidos y aún de la misma razón, en descuento de las veces que empleé en ofenderte los preciosísimos dones que había recibido de tu bondad.

Acepto, Señor, en que mi cuerpo sea pisado, comido de gusanos y reducido a polvo, en castigo del orgullo con que preferí mis antojos y gustos a tu santa voluntad.

¡Oh gusanos! ¡Oh disolución de todo mi cuerpo, abandono total de los hombres, hediondez y soledad espantosa del sepulcro! ¡Ceniza! yo les acepto y miro como instrumento de la divina justicia. Justo es que sea así disuelto quien no anheló más que por placeres mundanos y seductores halagos de la carne. Justo es que sea olvidado y arrojado de la sociedad quien, por dar gusto a los hombres y granjearse aplausos, renunció tantas veces a Dios y a una feliz eternidad.

Una sola gracia te pido, Señor, y es la de recibir a tiempo y con fervor los últimos sacramentos: mas, si en castigo de mi tibieza en frecuentarlos ahora, quisieras privarme entonces de este beneficio, concédeme al menos que, haciendo fervorosos actos de fe, esperanza, caridad y contrición, expire en tu amistad y gracia, pronunciando los dulcísimos nombres de Jesús, María y José; y que mi alma, llevada por los ángeles a la patria celestial, merezca gozar de ti por los siglos de los siglos. Amén.

Súplicas a Jesús crucificado para obtener la gracia de una buena muerte.

Señor mío Jesucristo, Dios de bondad, Padre de misericordia: me presento ante Ti con el corazón humillado y contrito te encomiendo mi última hora y lo que después de ella me espera.

Cuando mis pies, perdiendo su movimiento, me adviertan que mi carrera en este mundo está próxima a su fin;

℟. Jesús misericordioso, ten compasión de mí.

Cuando mis manos entorpecidas no puedan ya estrechar el crucifijo;

℟. Jesús misericordioso, ten compasión de mí.

Cuando mis ojos, apagados por la cercanía de la muerte, fijen en ti sus miradas débiles y moribundas;

℟. Jesús misericordioso, ten compasión de mí.

Cuando mis labios balbucientes pronuncien por última vez tu santísimo Nombre;

℟. Jesús misericordioso, ten compasión de mí.

Cuando mi cara, pálida y amoratada, cause lástima y temor a los presentes, y mis cabellos bañados por el sudor de la muerte anuncien que está cercano el fin;

℟. Jesús misericordioso, ten compasión de mí.

Cuando mis oídos, próximos a cerrarse para siempre a las conversaciones de los hombres, se abran para oír tu sentencia irrevocable que fije mi suerte para toda la eternidad;

℟. Jesús misericordioso, ten compasión de mí.

Cuando mi imaginación, agitada por terribles fantasmas, me cause mortales congojas, y mi espíritu perturbado por el temor de tu justicia al recuerdo de mis faltas, luche con el enemigo que quisiera quitarme la esperanza en tu misericordia y precipitarme en la desesperación;

℟. Jesús misericordioso, ten compasión de mí.

Cuando mi corazón débil y oprimido por el dolor de la enfermedad, se vea sobrecogido por el temor de la muerte y fatigado por los esfuerzos hechos contra los enemigos de mi salvación;

℞. Jesús misericordioso, ten compasión de mí.

Cuando derrame las últimas lágrimas, síntomas de mi muerte, recíbelas, Señor, como un sacrificio de expiación, a fin de que yo muera como víctima de penitencia y en aquel terrible momento;

℞. Jesús misericordioso, ten compasión de mí.

Cuando mis parientes y amigos, juntos alrededor de mí, lloren al verme en el último trance, y cuando invoquen tu misericordia en mi favor;

℞. Jesús misericordioso, ten compasión de mí.

Cuando, perdido el uso de los sentidos, el mundo desaparezca de mi vista y gima yo entre las angustias de la agonía y los afanes de la muerte;

℞. Jesús misericordioso, ten compasión de mí.

Cuando los últimos latidos de mí corazón, apresuren la partida de mi alma, acéptalos, Señor, como expresión de una santa impaciencia de volver a ti, y entonces;

℞. Jesús misericordioso, ten compasión de mí.

Cuando mi alma salga para siempre de este mundo, dejando el cuerpo pálido y sin vida, acepta su destrucción como un homenaje que rindo a tu Divina Majestad, y en aquella hora:

℞. Jesús misericordioso, ten compasión de mí.

En fin, cuando mi alma comparezca ante ti y vea por vez primera el esplendor de tu Majestad, no la arrojes de tu presencia, sino dígnate recibirla en el seno de tu misericordia para que cante eternamente tus alabanzas y entonces, ahora y siempre:

℞. Jesús misericordioso, ten compasión de mí.

Oración

Oh Dios mío, que, condenándonos a la muerte, nos has ocultado el momento y la hora, haz que, viviendo santamente todos los días de nuestra vida, merezcamos una muerte dichosa, abrasados en tu divino amor. Por los méritos de nuestro Señor Jesucristo y de su Madre santísima. Amén.

Modo práctico para ayudar a bien morir.

Habiendo desaparecido las órdenes religiosas, que con tanto heroísmo y aprovechamiento de las almas se consagraban a la asistencia espiritual de los moribundos, es de suma utilidad, y aun de indispensable necesidad, excitar el celo de los cristianos fervorosos, para suplir falta y vacío tan lamentables.

En efecto; nadie ignora que del momento crítico de la muerte depende una feliz o desdichada eternidad, colmo de todo bien, o de todo mal. Creas, cristiano, o no creas, pienses o no pienses en ello, así es, y así será... ¿No es justo, pues, que abras los ojos, y despertando del profundo letargo en que has vivido, trates, a lo menos entonces, de prepararte al terrible trance de la muerte?

Por lánguida que tengas la fe, y aunque no sea muy grave tu dolencia, te ruego que pidas tú mismo y con tiempo los santos Sacramentos, no fiándote de promesas ni de palabras lisonjeras. Tus parientes y amigos, por una mal entendida amistad, los médicos por vano respeto, todos te asegurarán que no hay peligro todavía, y que ya te avisarán con tiempo… pero ¡ay! ¡Cuántos miles de cristianos, alucinados de esta suerte, se ven, cuando menos lo piensan, sorprendidos de la muerte y condenados eternamente! Y aun cuando a la última hora se llame a un sacerdote, siquiera para evitar la infamia de que el pariente muera sin sacramentos, ¿Qué le aprovechará al enfermo su presencia, si, perdido ya el conocimiento, está incapaz de hacer una buena confesión, y aun de formar un verdadero acto de contrición?

Además ¿Qué necedad puede darse mayor que la de temer la visita del Médico celestial, único que puede dar acierto a los facultativos, eficacia a los remedios y salud al enfermo? Llámale, pues, a tiempo: que los sacramentos, lejos de acelerar la muerte al que los recibe pronto, la aleja muchas veces, y hasta le dan salud y vida, si le conviene. ¡Y cuántos, por el más fatal y lamentable descuido, privados de este auxilio, perdieron una salud, que, con el socorro de los sacramentos, hubieran quizás recobrado facilísimamente!

Si cayere gravemente enfermo alguno de tus parientes, o cualquiera otra persona, por cuya felicidad te interesas, te suplico, por las entrañas de Jesucristo, y por la amistad que le profesas, le avises con tiempo del peligro en que se encuentra: y con el celo y santas industrias, que el amor verdadero debe inspirar en semejantes casos, le conduzcas a que reciba dignamente y a tiempo los santos Sacramentos. Búscale un confesor de su confianza, prepárale a la confesión y recepción del santo viático, pero con suavidad y sin serle molesto.

Cuando estuviere en la agonía, haciendo algunas interrupciones para no cansarle, te podrás también valer de las jaculatorias siguientes:

—En la vida y en la muerte somos del Señor (Rm 14,8).

—Tenemos una casa que tiene duración eterna en los cielos (2Co 5,1).

—Estaremos para siempre con el Señor (1Ts 4,17).

—Todo el que cree en el Hijo tiene vida eterna (Jn 6,40).

—A tus manos, Señor, encomiendo mi espíritu (Sal 30, 6a.).

—Señor Jesús, recibe mi espíritu (Hch 7,59).

—Pasamos de la muerte a la vida, porque amamos a los hermanos (1Jn 3,14).

—A ti, Señor, levanto mi alma (Sal 24,1).

—Vengan, benditos de mi Padre, dice el Señor Jesús; hereden el reino preparado para ustedes (Mt 25,34).

—Te lo aseguro: hoy estarás conmigo en el paraíso, dice el Señor Jesús (Lc 23,43).

—En la casa de mi Padre hay muchas estancias (Jn 14,2).

—Apiádate de mí, oh Dios, según tu grande misericordia.

—En ti, oh Señor, he puesto siempre mi esperanza: no me vea con fundido para siempre.

—Dios mío, mira con benignidad a este pecador.

—Dulcísimo Jesús, por los méritos de tu santísima pasión recíbeme por uno de tus escogidos.

—María Santísima, madre de gracia, madre de misericordia, defiéndeme del común enemigo, y en la hora de mi muerte recíbeme, y ruega por mí a tu Hijo Santísimo.

—Todos los santos Ángeles y Santos del Señor, intercedan por mí, y socórranme.

—¡Oh dulce Jesús mío! mi consuelo, mi fortaleza y todo mi bien, ¿Cuándo te poseeré, sin temor de nunca separarme de ti?

—En ti creo, en ti espero, a ti amo y amaré siempre sobre todas las cosas. ¡Quién te hubiese amado siempre! ¡Quién nunca te hubiera ofendido!

—Pequé, Señor; pero confío en tu bondad y misericordia infinita me perdonarás, no permitiendo se pierda mi alma, redimida con tu sangre preciosísima.

—Padre, dulcísimo Padre mío, peor soy que el hijo pródigo: no soy digno de ser llamado hijo tuyo; pero tú eres mi Padre, y el mejor de los padres. Echa, pues, a tu hijo los brazos al cuello; dame el beso de paz; devuélveme tu amistad y gracia; restitúyeme la estola de la inocencia, que perdí por mi malicia.

—Virgen santísima y dulce Madre de misericordia, muestra en esta última hora que eres mi madre. Tú me has amparado y favorecido en todo el curso de mi vida; ampárame y favoréceme en este momento, de que depende todo mi bien. Por la agonía de tu Hijo querido; por las penas y amarguras que sentiste al pie de la cruz, asísteme en la muerte.

Dándole a besar el crucifijo:

—El Señor guarde tu salida de este mundo y tu entrada en su reino, en su paz y en su amor.

O bien:

—Que el Padre, el Hijo y el Espíritu Santo estén contigo, te infundan esperanza y te conduzcan a la paz de su reino.

—Te adoro, llaga sacratísima del costado de mi dulce Jesús; abierto más por amor a los hombres, que por el fiero golpe de la lanzada.

—Dame, Señor, refugio en tu corazón, lavando mis manchas con la sangre y agua que vertiste por la santa llaga de tu costado.

—Les adoro, manos sacrosantas, abiertas por mi amor; ustedes me crearon, de ustedes espero mi salvación.

—Oh Padre Eterno, ten misericordia de mí: acuérdate que mis pecados fueron castigados en la inocente persona de tu Hijo santísimo.

—Perdona mis pecados, como yo perdono a todos cuantos me han ofendido.

—Gloriosísimo arcángel san Miguel, príncipe de la milicia celestial, ruega por mí.

—Santo Ángel de la guarda; glorioso san José, abogado de los que están agonizando, socorredme en esta hora.

—Santos y santas del cielo, intercedan por mí.

—En tus manos, Señor, encomiendo mi espíritu.

—Jesús, dulce Jesús mío, sé mi salvador.

Repítanse las jaculatorias en que más consuelo hallare el enfermo; y mientras uno le exhorta a bien morir, otros pueden rogar por su alma, rezando el rosario o las letanías de nuestra Señora, no junto a la cama del moribundo, no sea que el excesivo calor perjudique al enfermo y a los circunstantes, sino allí cerca, en otra pieza; de manera que el moribundo se excite a la confianza, sabiendo que muchos piden a Dios por él. Pero ningunas preces hay más tiernas y propias para prepararse a la muerte, que la recomendación del alma y demás oraciones que pone la Iglesia para los agonizantes, y son las siguientes:

Recomendación del alma según el Ritual Romano
Letanías de los agonizantes.

Señor,	ten piedad de él (ella)
Jesucristo,	ten piedad de él (ella)
Señor,	ten piedad de él (ella)
Santa María,	ruega por él (ella)
San Abel,	ruega por él (ella)
Coro de los justos,	ruega por él (ella)
San Abrahán,	ruega por él (ella)
San Juan Bautista,	ruega por él (ella)
San José,	ruega por él (ella)
Santos patriarcas y profetas,	rueguen por él (ella)
San Pedro,	ruega por él (ella)
San Pablo,	ruega por él (ella)
San Andrés,	ruega por él (ella)
San Juan,	ruega por él (ella)
Santos apóstoles y evangelistas,	rueguen por él (ella)
Santos discípulos del Señor,	rueguen por él (ella)
Santos Inocentes,	rueguen por él (ella)
San Esteban,	ruega por él (ella)
San Lorenzo,	ruega por él (ella)
Santos mártires,	rueguen por él (ella)
San Silvestre,	ruega por él (ella)
San Gregorio,	ruega por él (ella)
San Agustín,	ruega por él (ella)
Santos pontífices y confesores,	rueguen por él (ella)
San Benito,	ruega por él (ella)
San Francisco,	ruega por él (ella)
Santos monjes y ermitaños,	rueguen por él (ella)
Santa María Magdalena,	ruega por él (ella)
Santa Lucía,	ruega por él (ella)
Santas vírgenes y viudas,	rueguen por él (ella)
Santos y santas de Dios,	rueguen por él (ella)
Sele propicio,	líbrale, Señor
De tu cólera,	líbrale, Señor
Del peligro de la muerte,	líbrale, Señor
De las penas del infierno,	líbrale, Señor
De todo mal,	líbrale, Señor
Del poder del demonio,	líbrale, Señor
Por tu natividad,	líbrale, Señor
Por tu cruz y pasión,	líbrale, Señor
Por tu muerte y sepultura,	líbrale, Señor
Por tu gloriosa resurrección,	líbrale, Señor
Por tu admirable ascensión,	líbrale, Señor

Por la gracia del Espíritu consolador, ... líbrale, Señor
En el día del juicio, ... líbrale, Señor
Así te lo pedimos, aunque pecadores,.............................. óyenos, Señor
Te rogamos que le perdones,.. óyenos, Señor
Señor,.. ten misericordia de él (ella)
Cristo,... ten misericordia de él (ella).
Señor,.. ten misericordia de él (ella).

Hallándose el enfermo en la agonía, se dirá la siguiente:

Recomendación de alma.

Sal de este mundo, alma cristiana, en nombre de Dios Padre todopoderoso, que te creó; en nombre de Jesucristo, Hijo de Dios vivo, que padeció por ti; en nombre del Espíritu Santo, que en ti se infundió; en nombre de los ángeles y arcángeles; en nombre de los tronos y dominaciones; en nombre de los principados y potestades; en el de los querubines y serafines; en el de los patriarcas y profetas; en el de los santos apóstoles y evangelistas; en el de los santos mártires y confesores; en el de los santos monjes y ermitaños; en nombre de las santas vírgenes y de todos los santos y santas de Dios. Sea hoy en paz tu descanso, y tu habitación en la Jerusalén celestial. Por Jesucristo, nuestro señor. Amén

Oh Dios de bondad, Dios clemente, Dios que, según la multitud de tus misericordias perdonas a los arrepentidos, y por la gracia de una entera remisión borras las huellas de nuestros crímenes pasados, dirige una mirada compasiva a tu siervo (sierva) N.; recibe la humilde confesión que te hace de sus culpas, y concédele el perdón de todos sus pecados. Padre de misericordia infinita, repara en él (ella) todo lo que corrompió la fragilidad humana y manchó la malicia del pecado; únelo (únela) para siempre con el cuerpo de la Iglesia, como parte que fue redimido (redimida) por Jesucristo. Ten, Señor, piedad de sus gemidos, compadécete de sus lágrimas; y puesto que no espera sino en tu misericordia, dígnate dispensarle la gracia de la perfecta reconciliación. Por Jesucristo, etc.

Te recomiendo a Dios todopoderoso, mi querido hermano (querida hermana), y te pongo en las manos de Aquel de quien eres criatura, para que, después de haber sufrido la sentencia de muerte dictada contra todos los hombres, vuelvas a tu Creador que te formó de la tierra. Ahora, pues, que tu alma va a salir de este mundo, salgan a recibirte los gloriosos coros de los ángeles; los apóstoles que deben juzgarte, vengan a tu encuentro, con el ejército triunfador de generosos mártires; te rodee la multitud brillante de confesores; te reciban con alegría el coro radiante de vírgenes, y seas para siempre admitido (admitida) con los santos patriarcas en la mansión de la venturosa paz. Preséntese a ti Jesucristo con rostro lleno de dulzura, te coloque en el seno de los que rodean el trono de su divinidad. No experimentes el horror de las tinieblas, ni los tormentos del suplicio eterno. Al verte, huya Satanás con todos sus secuaces, y al llegar en medio del coro de los ángeles tiemble y vuélvase a la triste morada donde reina la noche eterna. Levántese Dios, y disípense sus enemigos, y desvanézcanse como el humo. A la presencia de Dios desaparezcan los pecadores, como la cera se derrite al calor del fuego, y regocíjense los justos, como en una fiesta perpetua ante la presencia del Señor. Confundidas sean todas las legiones infernales, y ningún ministro de Satanás se atreva a estorbar tu paso. Te libre de los tormentos Jesucristo, que fue crucificado por ti; te coloque Jesucristo, Hijo de Dios vivo, en el jardín siempre ameno de su paraíso; y siendo verdadero pastor, te reconozca por una de sus ovejas. Te perdone misericordioso todos tus pecados; te ponga a su derecha entre los elegidos, para que veas a tu Redentor cara a cara, y morando, siempre feliz, a su lado, logres contemplar a la soberana Majestad, y gozar de la dulce vista de Dios, admitido (admitida) en el número de los bienaventurados, por todos los siglos de los siglos. ℞. Amén.

Señor, recibe a tu siervo (sierva) en el lugar de la salvación, que espera de tu misericordia. ℞. Así sea.

Señor, libra el alma de tu siervo (sierva) de todos los peligros del infierno, de sus castigos y males. ℞. Así sea.

Señor, libra su alma, como preservaste a Enoc y Elías de la muerte común a todos los hombres. ℞. Así sea.

Señor, libra su alma, como libraste a Noé del diluvio, ℞. Así sea.

Señor, libra su alma, como libraste a Abrahán de la tierra de los caldeos. ℞. Así sea.

Señor, libra su alma, como libraste a Job de sus padecimientos. ℞. Así sea.

Señor, libra su alma, como libraste a Isaac de las manos de su padre Abrahán, cuando iba a inmolarle. ℞. Así sea.

Señor, libra su alma, como libraste a Lot de Sodoma y de la lluvia de fuego, ℞. Así sea.

Señor, libra su alma, como libraste a Moisés de las manos de Faraón, rey de Egipto, ℞. Así sea.

Señor, libra su alma, como libraste a Daniel del lago de los leones, ℞. Así sea.

Señor, libra su alma, como libraste a los tres jóvenes del horno encendido y de las manos del rey impío, ℞. Así sea.

Señor, libra su alma, como libraste a Susana del falso testimonio, ℞. Así sea.

Señor, libra su alma, como libraste a David de las manos de Saúl y de Goliat, ℞. Así sea.

Señor, libra su alma, como libraste a los santos Pedro y Pablo de la prisión, ℞. Así sea.

Y como libraste a la bienaventurada Tecla, virgen y mártir, de los más crueles tormentos, dígnate librar el alma de tu siervo (sierva), y dale a gozar a tu lado de los bienes eternos. ℞. Así sea.

Cuando el moribundo ha entregado su alma a Dios, al cerrarle los ojos, uno de los familiares puede decir:

Concede, Señor,
a nuestro hermano (nuestra hermana) N.,

cuyos ojos no verán más la luz de este mundo,
contemplar eternamente tu belleza
y gozar de tu presencia por los siglos de los siglos.
℟. Amén.

A continuación, puede trazarse sobre su frente la señal de la cruz.

Los familiares y amigos que se encuentren allí presentes pueden entonces orar junto al cadáver, diciendo:

Este mundo ha pasado definitivamente para nuestro hermano (nuestra hermana) N. Pidamos, pues, al Señor que le conceda gozar ahora del cielo nuevo y de la tierra nueva que él ha dispuesto para sus elegidos.

—Vengan en su ayuda, santos de Dios; salgan a su encuentro, ángeles del Señor.

℟. Reciban su alma y preséntenla ante el Altísimo.

—Cristo, que te llamó, te reciba, y los ángeles te conduzcan al regazo de Abraham.

℟. Reciban su alma y preséntenla ante el Altísimo.

—Dale, Señor, el descanso eterno, y brille para él (ella) la luz perpetua.

℟. Reciban su alma y preséntenla ante el Altísimo.

Luego, puede añadirse:

Hacia ti, Señor, levantamos nuestros ojos; contempla, Señor, nuestra tristeza, fortalece nuestra fe en este momento de prueba y concede a nuestro hermano (nuestra hermana) el descanso eterno.

A esta súplica, se añaden las siguientes preces:

—Que Cristo, que sufrió la muerte de cruz por él (ella), le conceda la felicidad verdadera.

℟. Te lo pedimos, Señor.

—Que Cristo, el Hijo de Dios vivo, lo/la reciba en su paraíso.

℟. Te lo pedimos, Señor.

—Que Cristo, el buen Pastor, lo/la cuente entre sus ovejas.

℟. Te lo pedimos, Señor.

—Que le perdone todos sus pecados y lo/la agregue al número de los elegidos.

—Que pueda contemplar cara a cara a su Redentor y gozar de la visión de su Señor por los siglos de los siglos.

℟. Te lo pedimos, Señor.

A continuación, se dice la siguiente oración:

Te pedimos, Señor, que tu siervo (sierva) N.,
que ha muerto ya para este mundo, viva ahora para ti
y que tu amor misericordioso
borre los pecados que cometió
por fragilidad humana.
Por Jesucristo, nuestro Señor. ℟. Amén.

Oración.

Te recomendamos el alma de tu siervo (sierva) N.; y te pedimos, Señor Jesucristo, salvador del mundo, por la misericordia con que bajaste por ella del cielo a la tierra, que no le niegues un lugar en la morada de los santos patriarcas.

Reconoce, Señor, tu criatura, obra, no de dioses extraños, sino tuya, Dios único, vivo y verdadero; porque no hay otro Dios más que tú, y nadie te iguala en las obras. Haz, Señor, que tu dulce presencia llene su alma de alegría; olvida sus iniquidades pasadas y los extravíos a que fue arrastrada por sus pasiones; porque, aun cuando pecó, no ha renunciado a la fe del Padre, del Hijo y del Espíritu Santo, sino que ha conservado el celo del Señor y adorado fielmente a Dios, criador de todas las cosas.

Otra oración.

Te pedimos, Señor, que, olvides todos los pecados y faltas que en su juventud cometió por ignorancia; y según la grandeza de tu misericordia, acuérdate de él (ella) en el esplendor de tu gloria. Abre los cielos y regocíjense los ángeles con su llegada. Recibe, Señor, a tu siervo (sierva) N. en tu reino. Recíbale san Miguel arcángel, caudillo de la milicia celestial; salgan a su encuentro los santos ángeles, y condúzcanle a la celestial Jerusalén. Recíbale el apóstol san Pedro, a quien entregaste las llaves del reino celestial. Socórrale el apóstol san Pablo, que mereció ser vaso de elección, é interceda por él (ella) el apóstol san Juan, apóstol querido, a quien fueron revelados los secretos del cielo. Rueguen por él (ella) todos los santos apóstoles, a quienes Dios concedió el poder de absolver y retener los pecados; intercedan por él (ella) todos los santos y elegidos de Dios, que sufrieron en este mundo por el nombre de Jesucristo; a fin de que libre de los lazos de la carne, merezca entrar en la gloria del reino celestial, por la gracia de nuestro Señor Jesucristo, que con el Padre y el Espíritu Santo vive y reina por todos los siglos de los siglos. ℟. Amén.

II. Al dar el pésame o condolencias

La visita a los familiares de una persona fallecida es algo que se debe hacer con gran delicadeza, siempre teniendo cuidado de no molestarles con expresiones o frases desagradables. Al dar el pésame, se puede acompañar con la siguiente oración:

Presentemos al Señor nuestras oraciones por nuestro hermano (nuestra hermana) N. Por favor, repitan:

℣. A tus manos, Señor, encomiendo su espíritu.

℟. A tus manos, Señor, encomiendo su espíritu.

℣. Estamos seguros de haber pasado de la muerte a la vida, porque amamos a nuestros hermanos.

℟. A tus manos, Señor, encomiendo su espíritu.

℣. Aunque camine por lugares oscuros, nada temo, porque Tú estás conmigo.

℟. A tus manos, Señor, encomiendo su espíritu.

℣. Vengan benditos de mi Padre, tomen posesión del Reino preparado para ustedes.

℟. A tus manos, Señor, encomiendo su espíritu.

℣. Quiero que donde yo esté, estén también conmigo, dice Jesucristo.

℟. A tus manos, Señor, encomiendo su espíritu.

℣. Señor nuestro, que eres amor; recibe en tu presencia a tu hijo (hija) N. a quien has llamado de esta vida. Perdónale todos sus pecados, bendícelo (bendícela) con tu luz y paz eternas, levántalo (levántala) para que viva siempre en compañía de todos tus santos en la gloria de la resurrección. Por Jesucristo Nuestro Señor.

℟. Amén.

✠ Del evangelio según san Lucas 24, 1-9.

El primer día de la semana, de madrugada, fueron al sepulcro llevando los perfumes preparados. Encontraron corrida la piedra del sepulcro, entraron, pero no encontraron el cadáver del Señor Jesús. Estaban desconcertadas por el hecho, cuando se les presentaron dos hombres con vestidos brillantes. Como las mujeres, llenas de temor, miraban al suelo, ellos les dijeron:

—¿Por qué buscan entre los muertos al que está vivo? No está aquí, ha resucitado. Recuerden lo que les dijo cuando todavía estaba en Galilea: El Hijo del Hombre tiene que ser entregado a los pecadores y será crucificado; y al tercer día resucitará.

Ellas entonces recordaron sus palabras, se volvieron del sepulcro y contaron todo a los Once y a todos los demás.

℣. Palabra del Señor.

℟. Honor y gloria a ti, Señor Jesús.

Preces

Pidamos al Señor que escuche nuestra oración y atienda las súplicas de su Iglesia.

—Para que el Señor y Hacedor de todo reciba en su reino a nuestro hermano (nuestra hermana) N. que, como primicia de su familia, ha salido ya de este mundo, roguemos al Señor.

℟. Te rogamos, Señor.

—Para que el Padre misericordioso se compadezca de las faltas y debilidades de quien era como el heno y la flor del campo, roguemos al Señor.

℟. Te rogamos, Señor.

—Para que nuestro hermano (nuestra hermana) que mientras vivía en este mundo confió en la benignidad de nuestro Dios, goce ahora de los bienes que esperó, roguemos al Señor.

℟. Te rogamos, Señor.

—Para que todos los amigos y familiares que convivieron en este mundo con nuestro hermano (nuestra hermana) y nos han precedido ya en la morada eterna, gocen ahora con él (ella) de la compañía de los santos, roguemos al Señor.

℟. Te rogamos, Señor.

—Para que el Señor vele por nuestras vidas mientras moramos aún en este mundo y, cuando nos llegue el momento de dejarlo, nos presentemos ante él cargados de buenas obras, roguemos al Señor.

℞. Te rogamos, Señor.

—Para que Dios no permita que, en la hora de nuestra muerte, desesperados y sin acordarnos de él, nos sintamos como arrancados y expulsados de este mundo, sino que, alegres y bien dispuestos, lleguemos a la vida feliz y eterna, roguemos al Señor.

℞. Te rogamos, Señor.

℣. *Vamos a responder a cada invocación*: Dale Señor, el descanso eterno.

℞. Dale Señor, el descanso eterno.

℣. Salva, Señor, a tu hijo (hija), de todas las tribulaciones.
℞. Dale Señor, el descanso eterno.

℣. Salva, Señor, a tu hijo (hija), como salvaste a Noé del diluvio.
℞. Dale Señor, el descanso eterno.

℣. Salva Señor, a tu hijo (hija), como salvaste a Abraham de sus enemigos.
℞. Dale Señor, el descanso eterno.

℣. Salva Señor, a tu hijo (hija), como salvaste a Job de sus padecimientos.
℞. Dale Señor, el descanso eterno.

℣. Salva Señor, a tu hijo (hija), como salvaste a Moisés del poder del opresor.
℞. Dale Señor, el descanso eterno.

℣. Salva Señor, a tu hijo (hija), como salvaste a Pedro y a Pablo de la cárcel.
℞. Dale Señor, el descanso eterno.

℣. Por Jesucristo, nuestro salvador, que padeció por nosotros una muerte tan amarga y nos mereció la vida eterna, salva, Señor, a este hijo (esta hija) tuyo.
℞. Dale Señor, el descanso eterno.

℣. Oremos:
Señor nuestro Jesucristo, salvador del mundo, te encomendamos a nuestro hermano (nuestra hermana) N. por quien viniste al mundo con tanta misericordia; recíbelo (recíbela) bondadoso en la alegría de tu Reino, pues, aunque ciertamente cayó en el pecado, sin embargo, no negó al Padre, ni al Hijo, ni al Espíritu Santo, sino que creyó y adoró fielmente a Dios, creador de todas las cosas.

℣. Recemos ahora a nuestra madre María quien nos acompaña en nuestros sufrimientos:

Dios te salve, Reina
y Madre de misericordia,
vida, dulzura y esperanza nuestra;

Dios te salve.
A ti llamamos
los desterrados hijos de Eva;
a ti suspiramos, gimiendo y llorando
en este valle de lágrimas.
Ea, pues, Señora, abogada nuestra,
vuelve a nosotros esos tus ojos
misericordiosos;
y después de este destierro,
muéstranos a Jesús,
fruto bendito de tu vientre.
¡Oh, clementísima, oh piadosa,
oh dulce Virgen María!

Si considera que la familia aceptará que eche agua bendita sobre el ataúd, les dice lo siguiente:

℣. El Señor Cura, nos dio agua bendita para echarle a nuestros difuntos. Les quiero explicar lo que significa el agua bendita.

Todos nosotros fuimos bautizados con agua bautismal. El agua bautismal es la que se bendice la noche de Pascua. En nuestro bautismo recibimos un nombre nuevo, se nos perdonan nuestros pecados y participamos con Cristo de su muerte y resurrección. Esta agua nos recuerda nuestra condición de cristianos e hijos de Dios. Por eso le podemos llamar Padre. Al rociar con esta agua los restos de nuestro hermano (nuestra hermana) recordamos su condición gloriosa de bautizado (bautizada).

Se rocía el ataúd o el cadáver con el agua bendita.

℣. Oremos:

Dios nuestro, tu hijo (hija) N. fue bautizado (bautizada) con agua y desde ese día se asoció a tu santa Iglesia y te reconoció como Padre. Reconócele como cosa tuya. Si en algo pecó e hizo mal en su vida, que ahora, al recordarte su bautizo, apiádate de éste tu hijo (hija). Te lo pedimos por Jesucristo Nuestro Señor.

℟. Amén.

Rocía con agua bendita el ataúd diciendo:
℣. Dale Señor el descanso eterno
℟. Y luzca para él (ella) la luz perpetua.
℣. Descanse en Paz.
℟. Así sea.

III. Al colocar el cadáver en el ataúd

Cuando el cadáver es puesto en el ataúd, uno de los familiares o amigos presentes puede orar con estas palabras, a las que todos se suman en las súplicas finales:

Señor, tú que has dicho: "Si el grano de trigo muere, da mucho fruto", haz que este cuerpo, humillado ahora por la muerte, descanse de sus fatigas y, como semilla de resurrección, espere tu venida mientras su alma goza entre los santos por los siglos de los siglos. ℟. Amén.

℣. Por el amor y la alegría que irradió su mirada.
℟. Concédele, Señor, contemplar tu rostro.
℣. Por el dolor y las lágrimas que oscurecieron sus ojos.
℟. Concédele, Señor, contemplar tu rostro.
℣. Por haber creído en ti sin haber visto.
℟. Concédele, Señor, contemplar tu rostro.

En el momento en que es cerrado el ataúd, los allí presentes pueden orar por el difunto con estas palabras:

Señor, en este momento
en que va a desaparecer de nuestros ojos
este rostro que nos ha sido tan querido,
levantamos hacia ti nuestra mirada;
haz que este hermano nuestro (esta hermana nuestra)
pueda contemplarte cara a cara en tu reino,
y aviva en nosotros la esperanza
de que volveremos a ver este mismo rostro junto a ti
y gozaremos de él en tu presencia
por los siglos de los siglos.
℟. Amén.

℣. Señor, escucha nuestra oración por tu siervo (sierva)
℟. Señor, ten piedad.
℣. Ilumina sus ojos con la luz de tu gloria.
℟. Señor, ten piedad.
℣. Perdónale sus pecados, concédele la vida eterna.
℟. Señor, ten piedad.
℣. Atiende a los que te suplican.
℟. Señor, ten piedad.
℣. y escucha la voz de los que lloran.
℟. Señor, ten piedad.
℣. —Consuélanos en nuestra tribulación.
℟. Señor, ten piedad.

IV. Oraciones para antes de las Exequias

Cuando los familiares y amigos acuden adonde se encuentra el cadáver en las horas que preceden al sepelio, será bueno que expresen su caridad cristiana para con el difunto orando allí por él, así como también para dar muestras del consuelo cristiano que ofrecen a los más allegados del que ha expirado. Esta oración se puede hacer de manera comunitaria o bien individualmente.

Formulario 1

Antífona

A ti levantamos nuestros ojos;
Señor, tu amor es más fuerte que la muerte; por eso esperamos en ti.

Preces

Ya que este mundo ha pasado definitivamente para nuestro hermano (nuestra hermana) N., pidamos ahora al Señor que le conceda gozar del cielo nuevo y de la tierra nueva que él ha dispuesto para sus elegidos.

℣. Que Cristo, que por él (ella) sufrió muerte de cruz, le conceda la felicidad verdadera.

℟. Te lo pedimos, Señor.

℣. Que Cristo, el Hijo de Dios vivo, lo (la) reciba en su paraíso.

℟. Te lo pedimos, Señor.

℣. Que Cristo, el buen Pastor, lo (la) cuente entre sus ovejas.

℟. Te lo pedimos, Señor.

℣. Que Cristo perdone todos sus pecados y lo (la) agregue al número de sus elegidos.

℟. Te lo pedimos, Señor.

℣. Que pueda contemplar cara a cara a su Redentor y gozar de la visión de su Señor por los siglos de los siglos.

℟. Te lo pedimos, Señor.

Señor Dios, que has querido que nuestro hermano (nuestra hermana) N., a través de la muerte, fuera configurado (configurada) a Cristo, que por nosotros murió en la cruz; por la gracia renovadora de la Pascua de tu Hijo, dígnate también resucitarlo (resucitarla) un día a la vida eterna en tu gloria.

Por Jesucristo, nuestro Señor.

℟. Amén.

Formulario 2

Antífona

El Señor abra a nuestro hermano (nuestra hermana)
las puertas del paraíso,
para que pueda gozar ya de aquella patria
donde no existe ni el dolor ni la muerte,
sino sólo la paz y la alegría sin fin.

Preces

Recordemos, con afecto piadoso, a nuestro hermano (nuestra hermana) N., a quien Dios ha llamado de este mundo, y oremos confiados a aquel que venció la muerte y resucitó glorioso del sepulcro.

℣. Que Cristo, el Hijo de Dios, le dé posesión del paraíso y, como buen Pastor, lo (la) reconozca entre sus ovejas, roguemos al Señor.

℟. Te lo pedimos, Señor.

℣. Que, perdonados sus pecados, lo (la) coloque a su derecha en el reino de los elegidos, roguemos al Señor.

℟. Te lo pedimos, Señor.

℣. Que participe con él de la felicidad eterna, roguemos al Señor.

℟. Te lo pedimos, Señor.

℣. Que nosotros, los que ahora lloramos su muerte, podamos salir al encuentro de Cristo cuando él vuelva, acompañado de nuestro hermano (nuestra hermana) que hoy nos ha dejado, roguemos al Señor.

℟. Te lo pedimos, Señor.

Oremos,

Te encomendamos, Señor, a nuestro hermano (nuestra hermana) N., a quien en esta vida mortal rodeaste siempre con tu amor; concédele ahora que, libre de todos sus males, participe en tu descanso eterno, y, pues para él (ella) acabó ya este mundo, admítelo (admítela) ahora en tu paraíso, donde no hay llanto ni luto ni dolor, sino paz y alegría sin fin, con tu Hijo y el Espíritu Santo, por los siglos de los siglos.

℟. Amén.

Formulario 3

Antífona

¡Dichoso el que ha muerto en el Señor! Que descanse ya de sus fatigas y que sus obras lo acompañen.

Preces

Pidamos por nuestro hermano (nuestra hermana) a Jesucristo, que ha dicho: "Yo soy la resurrección y la vida; el que cree en mí, aunque haya muerto, vivirá; y el que está vivo y cree en mí no morirá para siempre".

℣. Tú que resucitaste a los muertos, concede la vida eterna a nuestro hermano (nuestra hermana).

℟. Te lo pedimos, Señor.

℣. Tú que desde la cruz prometiste el paraíso al buen ladrón, recibe a nuestro hermano (nuestra hermana) N. en tu reino.

℟. Te lo pedimos, Señor.

℣. Tú que experimentaste el dolor de la muerte y resucitaste gloriosamente del sepulcro, concede a nuestro hermano (nuestra hermana) la vida feliz de la resurrección.

℟. Te lo pedimos, Señor.

℣. Tú que lloraste ante la tumba de tu amigo Lázaro, dígnate enjugar las lágrimas dé quienes lloramos la muerte de nuestro hermano (nuestra hermana).

℞. Te lo pedimos, Señor.

Señor, nuestra vida es corta y frágil; la muerte que contemplamos hoy nos lo recuerda. Pero tú vives eternamente, y tu amor es más fuerte que la muerte. Llenos, pues, de confianza, ponemos en tus manos a nuestro hermano (nuestra hermana) N., que acaba de dejarnos.

Perdónale sus faltas y recíbelo (recíbela) en tu reino, para que viva feliz en tu presencia por los siglos de los siglos.

℞. Amén.

Formulario 4
Antífona
El coro de los ángeles te reciba,
y Cristo, tu Señor,
te coloque en el seno de Abraham,
para que, junto a Lázaro, pobre en esta vida,
tengas descanso eterno.

Preces

Señor, a ti elevamos nuestros ojos en este momento en que vamos a sepultar el cuerpo de nuestro hermano (nuestra hermana) a quien tanto hemos amado en este mundo.

℣. Después de esta vida, donde sólo tuvo la visión de la fe.

℞. Concédele, Señor, contemplar eternamente tu rostro.

℣. Después del amor y de las alegrías que en este mundo iluminaron su vida.

℞. Concédele, Señor, contemplar eternamente tu rostro.

℣. Después de los trabajos y sufrimientos que, en su peregrinar terreno, lo (la) hicieron llorar.

℞. Concédele, Señor, contemplar eternamente tu rostro.

℣. Después de su sed de conocer la verdad y gozar del bien.

℞. Concédele, Señor, contemplar eternamente tu rostro.

℣. Y porque él (ella) creyó en ti sin haberte visto.

℞. Concédele, Señor, contemplar eternamente tu rostro.

Señor Dios, que has querido que nuestro hermano (nuestra hermana) N., compartiera la muerte de Cristo, que por nosotros murió en la cruz, por la gracia renovadora de la Pascua de tu Hijo, perdónale sus pecados y, pues quisiste marcarlo (marcarla) ya en su vida mortal con el sello de tu Espíritu Santo, dígnate también resucitarlo (resucitarla) un día a la vida eterna de la gloria. Por Jesucristo, nuestro Señor.

℞. Amén.

Formulario 5
Cuando la oración ante un difunto se lleva a cabo individualmente, puede hacerse con el formulario siguiente:

Antífona

Tú, Señor, que eres el descanso después del trabajo y la vida después de la muerte, concede a nuestro hermano (nuestra hermana) el descanso eterno.

Preces

A ti, Señor, grito, respóndeme; haz caso de las súplicas que te dirijo en este momento de dolor por la muerte de tu siervo (sierva) N.

—Señor Jesucristo, recíbelo (recíbela) en compañía de todos los elegidos que nos han precedido.

—Concédele gozar siempre de tu paz.

—Que encuentre en ti el perdón de sus pecados.

—Que goce eternamente de la felicidad de los santos.

—Que te contemple a ti, luz, verdadera, y goce de tu presencia.

—Conforta a sus familiares y a cuantos lloran su muerte.

Concede, Padre bondadoso, a tu siervo (sierva) N., que se ha separado de nosotros, la herencia prometida; da cumplimiento a su esperanza de felicidad y de paz; infunde serenidad y fortaleza en quienes ahora lloran su ausencia y fortalécelos con la certeza de la vida eterna que, en tu gran amor, has dispuesto para toda la familia humana, por la fuerza de la muerte y de la resurrección de Cristo, que vive y reina por los siglos de los siglos.

℞. Amén.

RAMON PONS

40

3 VIGILIA DE ORACIÓN POR EL DIFUNTO

Es muy aconsejable que, según las costumbres y posibilidades de cada lugar, los amigos y familiares del difunto se reúnan en la casa del difunto o en la funeraria, antes de la celebración de las exequias para celebrar una vigilia de oración. Esta vigilia puede celebrarse también en la iglesia, pero nunca inmediatamente antes de la misa de exequias, a fin de que la celebración no se alargue demasiado y no quede duplicada la Liturgia de la palabra. Esta vigilia de oración la preside el obispo, un sacerdote o un diácono o, en su defecto, la dirige un laico. Esta vigilia sustituye el Oficio de lectura propio de la Liturgia de las Horas de difuntos.

1. Ritos iniciales

Si el que dirige la oración es un laico, saluda a los presentes, diciendo:
Bendigamos al Señor, que, por la resurrección de su Hijo, nos ha hecho renacer a la esperanza de una vida nueva.
℟. Amén.

Luego, se inicia la celebración con las siguientes palabras u otras parecidas.

Hermanos: Si bien el dolor por la pérdida, aún tan reciente, de un ser querido llena de dolor nuestros corazones y nubla nuestros ojos, avivemos en nosotros la llama de la fe, para que la esperanza que Cristo ha puesto en nuestros corazones aliente ahora nuestra oración para encomendar a nuestro hermano (nuestra hermana) N. en las manos del Señor, Padre misericordioso y Dios de todo consuelo.

O bien:

Amados hermanos: El Señor, en su amorosa e inescrutable providencia, acaba de llamar de este mundo a nuestro hermano (nuestra hermana) N. Su partida nos ha llenado a todos de dolor y de consternación. Pero, en este momento triste, conviene que reafirmemos nuestra fe, que nos asegura que Dios no abandona nunca a sus hijos. Jesús nos invita a esta confianza cuando dice: "Vengan a mí todos los que están cansados y agobiados, y yo los aliviaré". Con esta certeza, pidamos ahora al Señor que a nuestro hermano (nuestra hermana) le perdone sus faltas y le conceda una mansión de paz y bienestar entre sus santos. Y que a nosotros nos dé la firme esperanza de encontrarlo (encontrarla) nuevamente en su reino.

A continuación, se recita el salmo 129. El salmo se recita a dos coros o bien lo proclama un salmista, mientras los fieles pueden intercalar la siguiente antífona:

Salmo 129

℟. Mi alma espera en el Señor.

Desde el abismo de mis pecados
clamo a ti; Señor, escucha mi clamor;
que estén atentos tus oídos
a mi voz suplicante.

℟. Mi alma espera en el Señor.

Si conservaras el recuerdo de las culpas,
¿quién habría, Señor, que se salvara?
Pero de ti procede el perdón,
por eso con amor te veneramos.

℟. Mi alma espera en el Señor.

Confío en el Señor,
mi alma espera y confía en su palabra;
mi alma aguarda al Señor,
mucho más que a la aurora el centinela.

℟. Mi alma espera en el Señor.

Como aguarda a la aurora el centinela,
aguarda Israel al Señor,
porque del Señor viene la misericordia
y la abundancia de la redención,
y él redimirá a su pueblo
de todas sus iniquidades.

℟. Mi alma espera en el Señor.

Después, se añade la siguiente oración:
Oremos.
Escucha, Señor, la oración de tus fieles; desde el abismo de la muerte, nuestro

hermano (nuestra hermana) N. espera la abundancia de tu redención; redímelo (redímela) de todos sus delitos y haz que en tu reino vea realizada toda su esperanza.

Por Jesucristo, nuestro Señor.

℞. Amén.

2. Liturgia de la palabra

A continuación, se lee el siguiente pasaje bíblico:

Lectura del libro de las Lamentaciones 3, 17-26

Me han arrancado la paz y ya no me acuerdo de la dicha.

Pienso que se me acabaron ya las fuerzas y la esperanza en el Señor.

Fíjate, Señor, en mi pesar,

en esta amarga hiel que me envenena.

Apenas pienso en ello, me invade el abatimiento.

Pero, apenas me acuerdo de ti, me lleno de esperanza.

La misericordia del Señor nunca termina y nunca se acaba su compasión; al contrario, cada mañana se renuevan.

¡Qué grande es el Señor!

Yo me digo: "El Señor es la parte que me ha tocado en herencia".

Y en el Señor pongo mi esperanza.

El Señor es bueno con aquellos que en él esperan, con aquellos que lo buscan.

Es bueno esperar en silencio la salvación del Señor.

Palabra de Dios.

Si parece oportuno, pueden leerse más de un texto bíblico, siguiendo el esquema acostumbrado de la Liturgia de la palabra, y añadirse una lectura patrística o eclesiástica.

Después de la lectura bíblica, el obispo, el presbítero o el diácono que presiden esta vigilia pueden dirigir a los presentes unas breves palabras de homilía.

Después de haber escuchado la palabra de Dios o después de la homilía, si ésta ha tenido lugar, se puede invitar a los presentes a recitar juntos la profesión de fe:

Con la esperanza puesta en la resurrección y en la vida eterna que Cristo nos ha prometido, profesemos ahora nuestra fe, luz de nuestra vida cristiana.

Creo en Dios, Padre todopoderoso,

Creador del cielo y de la tierra.

Creo en Jesucristo, su único Hijo, nuestro Señor,

que fue concebido

por obra y gracia del Espíritu Santo,

nació de santa María Virgen,

padeció bajo el poder de Poncio Pilato,

fue crucificado, muerto y sepultado,

descendió a los infiernos,

al tercer día resucitó de entre los muertos,

subió a los cielos

y está sentado a la derecha de Dios,

Padre todopoderoso.
Desde allí ha de venir a juzgar a vivos y muertos.
Creo en el Espíritu Santo, la santa Iglesia Católica,
la comunión de los santos,
el perdón de los pecados
la resurrección de la carne y la vida eterna.
Amén.

3. Preces finales

La vigilia termina con las siguientes preces:

Oremos, hermanos, a Cristo, el Señor, esperanza de los que vivimos aún en este mundo, vida y resurrección de los que ya han muerto; llenos de confianza, digámosle:

℟. Tú que eres la resurrección y la vida, escúchanos.

—Recuerda, Señor, que tu ternura y tu misericordia son eternas, y no te acuerdes de los pecados de nuestro hermano (nuestra hermana) N.

℟. Tú que eres la resurrección y la vida, escúchanos.

—Por el honor de tu nombre, Señor, perdónale todas sus culpas y haz que viva eternamente feliz en tu presencia.

℟. Tú que eres la resurrección y la vida, escúchanos.

—Que habite en tu casa por días sin término y goce de tu presencia contemplando tu rostro.

℟. Tú que eres la resurrección y la vida, escúchanos.

—No rechaces a tu siervo (sierva) ni lo (la) olvides en el reino de la muerte, sino concédele gozar de tu dicha en el país de la vida.

℟. Tú que eres la resurrección y la vida, escúchanos.

—Sé tú, Señor, el apoyo y la salvación de cuantos a ti acudimos; sálvanos y bendícenos, porque somos tu pueblo y tu heredad.

℟. Tú que eres la resurrección y la vida, escúchanos.

El mismo Señor, que lloró junto al sepulcro de Lázaro y que, en su propia agonía, acudió angustiado al Padre, nos ayude a decir: Padre nuestro...

En lugar del Padrenuestro, la vigilia puede concluir con la siguiente oración:

Escucha, Señor, nuestras súplicas y ten misericordia de tu siervo (sierva) N., para que no sufra castigo por sus pecados, pues deseó cumplir tu voluntad; y, ya que la verdadera fe lo (la) unió, en la tierra, al pueblo fiel, que tu bondad ahora lo (la) una al coro de los ángeles y elegidos.

Tú que vives y reinas por los siglos de los siglos.

℟. Amén.

℣. Dale, Señor, el descanso eterno.

℟. Y brille para él (ella) la luz eterna.

4 NOVENARIO POR LOS DIFUNTOS

A la hora de nona, según narran los evangelios, el Señor entregó su espíritu. La nona es la última de las horas en que se divide el día. Aunque su nombre viene del número nueve, hoy puede representar nuestra actual tres de la tarde. Anteriormente, la división del día era distinta. La primera hora se conocía como prima, la segunda como tercia, la tercera como sexta y la última como nona. Junto a esto estaba al amanecer, las laudes y al caer de la tarde las vísperas.

Nueve días son también los que van desde la Ascensión hasta Pentecostés. Nueve días que los apóstoles, junto con María, permanecieron unidos en oración (Cfr. Hechos 1, 14).

Una de las novenas más antiguas de las cuales se tiene conocimiento, es la novena de Navidad. Nueve días en oración que anticipan el nacimiento del Salvador en relación a sus nueve meses de gestación. Luego esta práctica se extendió a las celebraciones mariana y finalmente, de los santos.

La práctica del Novenario de difuntos es muy antigua. Es una pena que actualmente se haya simplificado al rezo del rosario, pudiendo ser una gran oportunidad de evangelización.

¿En qué consiste este Novenario?

Durante los nueve días seguidos (que pueden empezar a la mejor conveniencia de todos, ya sea a partir de la muerte o del entierro) la familia se reúne junto a los amigos y allegados para compartir un rato de oración. Hay un esquema general para todos los días:

1. Monición	2. Saludo
3. Salmo	4. Lectura
5. Catequesis	6. Oración de los fieles
7. Responsorio	8. Canto Final

Las partes variables estarán en los días correspondientes y las partes fijas harán referencia a la página del primer día en donde están ubicadas. Los cantos que pueden acompañar al novenario se encuentran en el último capítulo del libro.

Procure distribuir la participación entre varios de los asistentes.

Primer Día

1. Monición

Hermanos, nos hemos reunido para rogar al Señor que conceda el descanso eterno al alma de nuestro hermano (nuestra hermana) N. que acaba de fallecer. Mantengamos siempre la esperanza confiando en las palabras del apóstol Pablo: "No estén tristes como los demás que no tienen esperanza. Porque, si creemos que Jesús murió y resucitó, de la misma manera Dios, llevará con Jesús, a los que murieron con Él" (1Tes. 4, 13b-14).

2. Saludo

Que el Dios de la vida y Padre de todo consuelo que resucitó a Jesús de entre los muertos esté con todos nosotros. Amén

3. Salmo 130 (129)

℣. Mi alma espera en el Señor.
℟. Mi alma espera en el Señor.

Desde lo hondo a ti clamo, Señor,
Dueño mío, escucha mi voz.
Estén tus oídos atentos
a la voz de mi súplica.

Si recuerdas los delitos, Señor,
¿quién resistirá, Dueño mío?
Pero el perdón es cosa tuya,
para que seas respetado.

Yo espero al Señor,
lo espero anhelante,
yo aguardo su palabra;
Mi vida aguarda a mi Dueño,
más que el centinela la aurora.

¡Más que el centinela la aurora!
Aguarde Israel al Señor,
que en el Señor sólo hay amor
y su redención es generosa:
Él redimirá a Israel
de todos sus delitos.

4. Lectura

Lectura de la primera carta de San Pablo a los Tesalonicenses 4, 13-18.

Hermanos, no quiero que sigan en la ignorancia acerca de los difuntos, para que no estén tristes como los demás que no tienen esperanza.

Porque, si creemos que Jesús murió y resucitó, de la misma manera Dios, llevará con Jesús, a los que murieron con él.

Esto se lo decimos apoyados en la Palabra del Señor: los que quedemos vivos hasta la venida del Señor no nos adelantaremos a los ya muertos; porque el Señor mismo, al sonar una orden, a la voz del arcángel y al toque de la trompeta divina, bajará del cielo; entonces resucitarán primero los que murieron en Cristo; después nosotros, los que quedemos vivos, seremos llevados juntamente con ellos al cielo sobre las nubes, al encuentro del Señor; y así estaremos siempre con el Señor.

Consuélense mutuamente con estas palabras.

5. Catequesis

Las palabras del apóstol Pablo son muy consoladoras ante el momento en que nos encontramos. Siempre hay dolor en la separación, pero más cuando sabemos que es definitiva.

La fe nos ayuda en los momentos de tristeza, apoyando nuestra esperanza y consolándonos en el amor.

¿Todo ha terminado? No. La muerte es simplemente un momento de tránsito hacia la realidad futura. Es simplemente una separación temporal. Un día volveremos a encontrarnos de nuevo: lo creemos. La vida eterna es creer en Jesucristo. Así nos dice San Juan (11, 26): "quien vive y cree en mí, no morirá para siempre".

Como hijos adoptivos de Dios, nuestro Padre, hemos recibido la vida eterna. Dimos ese paso de la muerte a la resurrección con Cristo. Por eso, tanto en la vida y en la muerte somos de Dios. Ya el cristiano no experimenta la muerte eterna, sino que apenas iniciamos el regreso a la casa del Padre que llena nuestros corazones. Por eso, la vida eterna que recibimos en nuestro Bautismo no muere, se transforma. Así como se ha transformado ya para nuestro hermano (nuestra hermana). Nuestra gran Esperanza es compartir la vida con Cristo. Gozar de la intimidad con Dios.

Creemos en la Resurrección y en la Vida Eterna. Podemos tener esa seguridad y certeza con nuestra propia vida porque sabemos que Cristo venció la Muerte: "Yo soy la Vida y la Resurrección. "El que cree en mí tendrá la vida eterna". La muerte de Jesús ilumina nuestra propia muerte; su resurrección es causa y garantía de nuestra resurrección para la vida que ya no terminará nunca.

Aunque nos angustia esta tristeza, sabemos que no estamos solos en el sufrimiento. El mismo Jesús lloró ante la tumba de Lázaro. Él también, aprendió sufriendo a obedecer. Desde su cuerpo bañado en sangre colgado en la cruz acompaña nuestros sufrimientos. En sus llagas encontramos la vida.

Entonces, como creyentes, mantengamos esta esperanza firme. Un día estaremos todos unidos a Cristo, en felicidad eterna.

6. Oración de los fieles

Hermanos, todos unidos roguemos al Padre, por todos los fieles difuntos, de manera especial por nuestro hermano (nuestra hermana) N. para que logre el descanso eterno.

℟. Oh Señor; escucha y ten piedad.

—Por los familiares de nuestro hermano (nuestra hermana) que al irse a la Patria Celestial ha dejado el dolor de toda separación, roguemos al Señor.

—Para que Dios Padre misericordioso, que creó el alma de su siervo (sierva) N. se digne recibirla en su seno, roguemos al Señor.

—Por los enfermos, para que ofrezcan sus sufrimientos por nuestra Iglesia particular y por la Iglesia Universal, roguemos al Señor.

—Por esta comunidad, para que cada día responda más generosamente al Señor, roguemos al Señor.

7. Responsorio (Para todos los días)

Se responde a cada invocación: ℟. ten misericordia de su alma.

Jesús mío, por aquel sudor copioso de sangre que sudaste en el huerto,

Jesús mío, por la bofetada que recibió tu rostro venerable,

Jesús mío, por los crueles azotes que descargaron en tu santísimo cuerpo,

Jesús mío, por la corona de agudas espinas que traspasaron tu santísima cabeza,

Jesús mío, por los pasos que diste en la calle de la amargura con la Cruz a cuestas,

Jesús mío, por tu santísimo rostro lleno de sangre que dejaste impreso en el velo de la Verónica,

Jesús mío, por la vestidura sangrienta que con violencia te desnudaron los verdugos,

Jesús mío, por tu cuerpo estirado en la cruz y miembros atormentados,

Jesús mío, por tus santísimos pies y manos clavados con duros clavos,

Jesús mío, por tu santísimo costado abierto al golpe de una lanza de donde manó sangre y agua,

℣. Concédele Señor el descanso eterno,

℟ y brille para él (ella) la luz perpetua.

Señor, tú que quisiste que tu Hijo venciera la muerte y así entrara victorioso en el cielo, concede a nuestro hermano (nuestra hermana) N. que, vencida también la muerte, pueda contemplarte eternamente, a ti que eres su creador y su redentor.

Por Jesucristo, nuestro Señor.

℟. Amén.

Que su alma y las almas de los fieles difuntos, por la misericordia de Dios, descansen en paz. Amén.

8. Canto Final

Puede elegirse uno de los cantos que aparecen en el capítulo 8.

Segundo Día

1. Monición

Hermanos, sabemos que la muerte no es el último acto de nuestra existencia, más allá está Jesús resucitado y la muerte nos lleva al gran encuentro con él. Por eso oramos por los difuntos y hoy nos reunimos para pedir al Señor conceda las alegrías celestiales, al alma de N. Que brille sobre ella la Luz Eterna.

2. Saludo

La paz y el consuelo de nuestro Padre Dios nos acompañen siempre. Amén.

3. Salmo 23 (22)

℣. Acuérdate, Señor, de mí en tu Reino.
℟. Acuérdate, Señor, de mí en tu Reino.

El Señor es mi pastor, nada me falta.
En verdes praderas me hace reposar,
me conduce a fuentes tranquilas
y recrea mis fuerzas.

Me guía el sendero adecuado
haciendo gala su oficio.
Aunque camine por lúgubres cañadas,
ningún mal temeré, porque tú vas conmigo;
tu vara y tu bastón me defienden.

Preparas ante mí una mesa
en presencia de mis enemigos;
me unges con perfume la cabeza,
y mi copa rebosa.

¡La bondad y el amor me escoltan
todos los días de mi vida!
Y habitaré en la casa del Señor
a lo largo de mis días.

4. Lectura

✠ Lectura del santo Evangelio según san Juan 11, 33-44.

Cuando María llegó a donde estaba Jesús, al verlo, cayó a sus pies y le dijo:

—Si hubieras estado aquí, Señor, mi hermano no habría muerto.

Jesús al ver llorar a María y también a los judíos que la acompañaban, se estremeció por dentro y dijo muy conmovido:

—¿Dónde lo han puesto?

Le dicen:

—Ven, Señor, y lo verás.

Jesús se echó a llorar. Los judíos comentaban:

—¡Cómo lo quería!

Pero algunos decían:

—El que abrió los ojos al ciego, ¿no pudo impedir que éste muriera?

Jesús, estremeciéndose de nuevo, se dirigió al sepulcro. Era una caverna con una piedra adelante. Jesús dice:

—Retiren la piedra.

Le dice Marta, la hermana del difunto:

—Señor, huele mal, ya lleva cuatro días muerto.

Le contesta Jesús:

—¿No te dije que, si crees, verás la gloria de Dios?

Retiraron la piedra. Jesús alzó la vista al cielo y dijo:

—Te doy gracias, Padre, porque me has escuchado. Yo sé que siempre me escuchas, pero lo he dicho por la gente que me rodea, para que crean que tú me enviaste.

Dicho esto, gritó con fuerte voz:

—Lázaro, sal afuera.

Salió el muerto con los pies y las manos sujetos con vendas y el rostro envuelto en un sudario.

Jesús les dijo:

—Desátenlo para que pueda caminar.

5. Catequesis

El misterio de la muerte llena de miedo y respeto a toda persona, creyente o no. La muerte es un gran misterio, es verdad. ¿Cómo mirar la muerte?

En la lectura que hemos escuchado, vemos que Cristo da un sentido a la muerte: "Yo soy la Resurrección y la Vida". El cristiano sabe que la muerte no es el último acto de su existencia. Más allá está Jesús resucitado y el gran encuentro con El. A partir del momento en que creemos, Jesús empieza a comunicarnos la resurrección. Nuestra fe es afirmar, con toda seguridad, que Dios es dueño, en Jesucristo, de toda existencia humana y la quiere llevar al mundo de la verdadera alegría y a la vida eterna. Nosotros no creemos en ideas, sino en una persona, Jesucristo que es la Resurrección. La acción de Dios continúa, Jesucristo ha realizado su paso de la muerte a la Vida, con el fin de llevarnos por su mismo camino. Es el gran acompañante de los hombres: desde donde Él está ya para siempre, lugar también de descanso de los hombres, tiene poder para conducir alegremente a los hombres, sus hermanos, que se fían de Él. No estamos libres de los sufrimientos y los trabajos del camino de la agonía, ni siquiera de la muerte; pero sabemos a dónde vamos y nuestro guía que es Cristo, nos da la plena seguridad porque ha recorrido el camino antes que nadie.

Entonces como cristianos somos peregrinos; caminemos con esa Luz que nos guía. Cristo es nuestra Resurrección y nuestra Vida. No vino a anunciarnos la muerte sino la vida.

6. Oración de los fieles

Por las súplicas de tu Iglesia aquí en la tierra, dígnate llevar a tu siervo (sierva) a la eterna bienaventuranza, roguemos al Señor

℟. Oh Señor, escucha y ten piedad.

—Por todos los que aceptaron el mensaje de Dios y murieron en el seno de la Iglesia, roguemos al Señor.

—Por los agonizantes, para que al morir tengan acogida en tu misericordia, roguemos al Señor.

—Por todos los aquí reunidos, para que siempre estemos preparados a la llamada del Señor, roguemos al Señor.

—Por todos los enfermos que están graves, para que entren en la Patria Celestial, roguemos al Señor.

7. Responsorio

Como en la página 48.

8. Canto final

Puede elegirse uno de los cantos que aparecen en el capítulo 8.

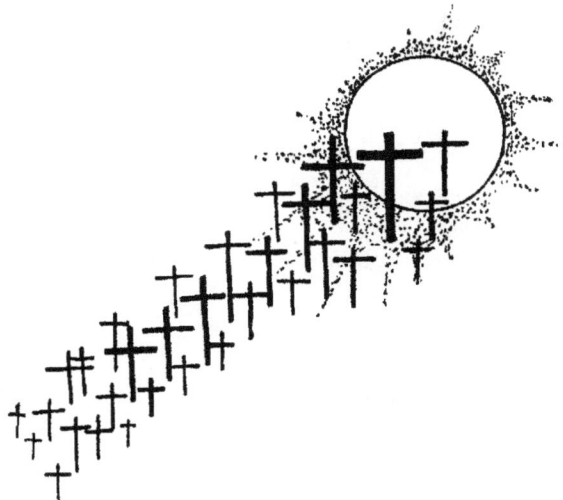

Tercer Día

1. Monición

Hermanos, nos hemos reunido para elevar nuestros corazones a Dios y orar todos juntos por el alma de nuestro hermano (nuestra hermana) N. Que Dios le conceda la paz eterna.

2. Saludo

Que la esperanza de la resurrección nos guíe hacia la vida eterna. Amén.

3. Salmo 51 (50)

℣. Que Cristo te reciba en el paraíso.
℟. Que Cristo te reciba en el paraíso.

Ten piedad de mí, oh Dios, por tu bondad,
por tu inmensa compasión borra mi culpa,
lava del todo mi delito
y limpia mi pecado.

Porque yo reconozco mi culpa
y tengo siempre presente mi pecado.
Contra ti, contra ti solo pequé,
cometí la maldad ante tus ojos;

Mira, culpable nací,
pecador me concibió mi madre.
Tú quieres la sinceridad interior
y en lo íntimo me inculcas sensatez.

Rocíame con el hisopo y quedaré limpio,
lávame y blanquearé más que la nieve.
Hazme sentir gozo y alegría,
salten de gozo los huesos quebrantados.

Aparta de mi pecado tu vista
y borra todas mis culpas.
Crea en mí, oh Dios, un corazón puro,
renueva en mi interior un espíritu firme;

no me arrojes lejos de tu presencia
ni me quites tu santo espíritu;
devuélveme la alegría de tu salvación,
afiánzame con tu espíritu generoso.

Enseñaré a los malvados tus caminos,

y los pecadores volverán a ti.
Líbrame de la sangre, oh Dios,
Dios y Salvador mío,
y mi lengua aclamará tu justicia.

Señor mío, ábreme los labios
y mi boca proclamará tu alabanza.

4. Lectura

Lectura del libro del Eclesiástico (Sirácides) 41, 1-6.
¡Oh muerte, qué amargo es tu recuerdo
para el que vive tranquilo en medio de sus bienes,
para el hombre contento que prospera en todo
y tiene salud para gozar de los placeres!
¡Oh muerte, qué dulce es tu sentencia
para el hombre derrotado y sin fuerzas,
para el hombre que tropieza y fracasa,
que se queja y ha perdido la esperanza!
No temas la muerte, que es tu destino,
recuerda que lo compartes con antepasados y sucesores;
es el destino que Dios asigna a todo viviente,
¿y vas a rechazar la ley del Altísimo?
En la tumba nadie discutirá
por mil años o cien o diez.
Gente despreciable son los hijos de los malos
descendencia insensata habita la casa del perverso;
de hijo injusto vino un reino malvado,
su posteridad siempre será despreciable.

5. Catequesis

"El mundo está acostumbrado a ver morir a los hombres y su sabiduría quiere que se deteste y se maldiga de la muerte".

El cristiano, en cambio, adopta una actitud del todo diferente. Y no es que le sea fácil morir, sino que considera la muerte como algo grande y solemne, algo que da a la vida todo su sentido y todo su valor. Un cristiano es un hombre identificado con Cristo: con "su carne, con su sangre", con su vida y con su muerte. Y está llamado a ser igual que Jesús en la resurrección y en la gloria.

Jesús en su Encarnación tomó nuestro cuerpo del pecado y murió "en la semejanza de nuestra carne" para que nosotros viviéramos en la semejanza de su vida".

Toda persona que viene a este mundo debe morir a causa del pecado; pero cuando se une a Jesús por la fe, el Bautismo y la Eucaristía, entonces vence el pecado y la muerte. Como Jesús cuando aún tenía carne mortal como la nuestra, el cristiano debe morir: pero como en la carne y el alma del cristiano está la gracia de Jesús, "Rey Victorioso" de la muerte, el alma y el cuerpo del cristiano se volverán a unir y resucitará como resucitó nuestro Señor. El cristiano sabe que existe la vida eterna a la cual se entra pasando por el trance de la muerte; sabe que la muerte "no le quita" la vida, se "la cambia"; que "disuelta esta terrena morada", adquiere la celestial morada de los cielos. A esa morada eterna y celestial va ahora su alma y un día irá todo su ser: cuerpo y alma, el día de la resurrección de los muertos.

Esta fe es la que nos libera del miedo a morir.

6. Oración de los fieles

Señor escucha nuestras súplicas por el alma de tu siervo (sierva) purificada con el perdón de tu misericordia. Por las humillaciones que sufriste en tu pasión.

℞. Concédele el descanso eterno.

—Tú que dijiste que no temiéramos el fallo de la muerte.

—Por las promesas a los que mueren en el seno de la fe.

—Por tu sangre derramada en la cruz para salvación de todos.

—Porque nos has alimentado con el Pan de Vida.

7. Responsorio

Como en la página 48.

8. Canto final

Puede elegirse uno de los cantos que aparecen en el capítulo 8.

Cuarto Día

1. Monición

La caridad cristiana, que nos lleva a unirnos en el dolor y en la alegría, lo mismo que en la oración, es el vínculo que nos reúne en este hogar durante estos días, para acompañar a nuestros hermanos en duelo.

2. Saludo

Que el Espíritu, que nos ha hecho hijos e hijas de Dios, nos haga vivir desde ya la vida eterna. Amén.

3. Salmo 119 (118)

℣. Dichosos los difuntos que mueren en el Señor.
℟. Dichosos los difuntos que mueren en el Señor.

Dichosos los de conducta intachable,
que siguen la voluntad del Señor.
Dichosos los que guardan sus preceptos,
y lo buscan de todo corazón;
los que, sin cometer iniquidad,
andan por sus caminos.

Tú mandaste que tus decretos
se observen exactamente.
Ojalá estén firmes mis caminos
para cumplir tus órdenes.

Entonces no quedaré defraudado
al fijarme en tus mandatos.
Te daré gracias con sincero corazón
cuando aprenda tus justos mandamientos.

4. Lectura

Lectura del santo Evangelio según san Juan 6, 48-58.
Jesús les dijo:
—Yo soy el pan de la vida. Sus padres comieron el maná en el desierto y murieron. Éste es el pan que baja del cielo, para que quien coma de él no muera. Yo soy el pan vivo bajado del cielo. Quien coma de este pan vivirá siempre. El pan que yo doy para la vida del mundo es mi carne.
Los judíos se pusieron a discutir:
—¿Cómo puede éste darnos de comer [su] carne?
Les contestó Jesús:
—Les aseguro que, si no comen la carne y beben la sangre del Hijo del Hombre, no tendrán vida en ustedes. Quien come mi carne y bebe mi sangre tiene vida eterna y yo lo resucitaré el último día. Mi carne es verdadera comida y mi sangre es

verdadera bebida. Quien come mi carne y bebe mi sangre habita en mí y yo en él. Como el Padre que me envió vive y yo vivo por el Padre, así quien me come vivirá por mí. Éste es el pan bajado del cielo y no es como el que comieron sus padres, y murieron. Quien come este pan vivirá siempre.

5. Catequesis

¿Qué significa: "El que come mi carne vivirá para siempre"?

La palabra del Evangelio y toda palabra de la Sagrada Escritura es el alimento de los creyentes, de los Hijos de Dios. La palabra de Dios nos engendra para la vida eterna. Esa palabra de Dios que leemos en la Biblia y recibimos de la Iglesia en sus enseñanzas es el mismo Cristo. Esta palabra "la comemos y la bebemos" por la fe. Pero Jesús no ha querido ser solamente "comida espiritual" de la fe para nuestra mente, ha querido ser "pan" y "vino", Cuerpo y Sangre que se come y bebe como se come y bebe el pan y el vino cuando los hombres se sientan a la mesa para alimentar sus cuerpos. El que come el Cuerpo y bebe la Sangre de Cristo tiene la vida: ¿Pero qué vida? Y respondemos: la vida eterna, la vida divina que nos hace hijos de Dios, como Jesús; y además la vida del cuerpo, ¿por qué?, porque "el que come la carne de Jesús y bebe su sangre", Jesús lo resucitará: es decir, volverá a unir su alma con su cuerpo, para que todo el ser humano viva eternamente con Dios en el cielo.

6. Oración de los fieles

A Dios Padre de toda misericordia, hermanos, pidamos humildemente por nuestros hermanos que piadosamente murieron en el Señor.

℟. Te rogamos óyenos.

—Para que perdones con bondad sus pecados. ℟.

—Para que aceptes sus buenas obras. ℟.

—Para que los recibas en la vida eterna. ℟.

—Oremos también por todos los que lloran en su tumba, para que te dignes consolarlos en su pena. ℟.

—Para que te dignes mitigar con tu amor, el dolor de la separación. ℟.

—Pidamos por último por nosotros, que somos peregrinos en esta tierra, para que dirijas nuestra vida en tu servicio ℟.

7. Responsorio

Como en la página 48.

8. Canto final

Puede elegirse uno de los cantos que aparecen en el capítulo 8.

Quinto Día

1. Monición

Hermanos, la muerte no separa a los que todavía vivimos de los que ya murieron. Nuestras buenas obras los ayudan a purificarse, por eso hoy nos reunimos para orar por nuestro hermano (nuestra hermana) N. Roguemos al Señor le conceda la felicidad de la Luz eterna.

2. Saludo

La gracia de Dios y la misericordia son para sus santos. Él fija su mirada sobre los escogidos. Amén.

3. Salmo 25 (24)

℣. Los justos vivirán eternamente, su recompensa es el Señor.
℟. Los justos vivirán eternamente, su recompensa es el Señor.

A ti, Señor Dios mío, elevo mi alma:
en ti confío, no quede defraudado,
ni se rían de mí mis enemigos.

Los que esperan en ti no queden defraudados;
queden defraudados
los que traicionan por nada.

Indícame, Señor, tus caminos,
enséñame tus sendas;
encamíname fielmente, enséñame,
pues tú eres mi Dios salvador,
y en ti espero todo el día.

Recuerda, Señor, que tu ternura
y tu misericordia son eternas,
no recuerdes mis pecados juveniles,
y mis culpas;
acuérdate de mí según tu
amor por tu bondad, Señor.

El Señor es bueno y recto:
indica su camino a los pecadores;
encamina rectamente a los humildes,
enseña su camino a los humildes.

Las sendas del Señor son amor y fidelidad
para los que guardan
los preceptos de su alianza.

4. Lectura

✠ Lectura del santo Evangelio según san Lucas 23, 26-31.

Cuando lo conducían, agarraron a un tal Simón de Cirene, que volvía del campo, y le pusieron encima la cruz para que la llevara detrás de Jesús. Le seguía una gran multitud del pueblo y de mujeres llorando y lamentándose por él.

Jesús se volvió y les dijo:

—Mujeres de Jerusalén, no lloren por mí; lloren más bien por ustedes y por sus hijos. Porque llegará un día en que se dirá: ¡Dichosas las estériles, los vientres que no concibieron, los pechos que no amamantaron!

Entonces se pondrán a decir a los montes: Caigan sobre nosotros; y a las colinas: Sepúltennos. Porque si así tratan al árbol verde, ¿qué no harán con el seco?

5. Catequesis

El sufrimiento es parte de nuestra vida: sufrimientos físicos y morales.

El sufrimiento es una experiencia de cada día. Siempre los hombres han buscado una explicación al sufrimiento y en casi todas las explicaciones entra Dios: desde la falsa idea de los que no conocen a Cristo, según los cuales habría un Dios malo que se alegra del sufrimiento hasta un Dios que no tiene nada que ver con él. Solamente en Jesús el sufrimiento encuentra su sentido. Dando al hombre la libertad, Dios hacía posible los choques entre las personas; y la renuncia para llegar a un acuerdo es el sufrimiento. Solamente en el amor es que el sufrimiento encuentra su razón de ser porque se sabe que se está haciendo algo por los demás; es solamente aliviando el sufrimiento del otro que el sufrimiento propio tiene contenido. Así Cristo acepta sufrir por amor a nosotros.

6. Oración de los fieles

Roguemos hermanos, todos unidos al Padre, por todos los fieles difuntos, de manera especial por nuestro hermano (nuestra hermana) para que logre el descanso eterno.

℞. Oh Señor, escucha y ten piedad.

—Tú abriste la puerta del paraíso al buen ladrón, ábresela también a nuestro hermano (nuestra hermana), roguemos al Señor.

—Por los enfermos que más sufren, para que les aumentes la paciencia y sepan unirse al dolor de Jesús, roguemos al Señor.

—Tú que resucitaste del sepulcro a Lázaro ya habiendo muerto, resucita también a nuestro hermano (nuestra hermana) a la vida eterna, roguemos al Señor.

7. Responsorio

Como en la página 48.

8. Canto final

Puede elegirse uno de los cantos que aparecen en el capítulo 8.

Sexto Día

1. Monición

Nosotros que estamos vinculados a esta familia con los lazos de la sangre o de la amistad y más unidos todavía por los de la fe, dispongámonos a orar unidos por nuestro hermano (nuestra hermana) N. a quién nos une el amor del Señor.

2. Saludo

La gracia de nuestro Señor Jesucristo esté siempre con nosotros, la luz que es fruto del amor de Dios viva entre nosotros, la confianza en la misericordia de Dios anime nuestra oración. Amén.

3. Salmo 25 (24)

℣. Descansa sólo en Dios, porque de Él viene la salvación.
℟. Descansa sólo en Dios, porque de Él viene la salvación.

Por tu Nombre, Señor,
perdona mi grande iniquidad.
¿Hay alguien que respete al Señor?
Él le indicará el camino que ha de elegir:

La felicidad será su morada
y su descendencia poseerá la tierra.
El Señor se confía a sus fieles
les revela lealmente su alianza.

Mis ojos están fijos en el Señor,
que él sacará mis pies de la red.
Vuélvete a mí y ten piedad,
que estoy solo y afligido.

Alivia las angustias de mi corazón
sácame de mis congojas.
Mira mi aflicción y mi fatiga
perdona todos mis pecados;

mira cuántos son mis enemigos
cuán violento el odio que me tienen.
Protege mi vida y líbrame,
no me avergüence
de haberme acogido a ti.

La rectitud y la honradez me custodiarán
porque espero en ti.
¡Salva, oh Dios, a Israel
de todas sus angustias!

4. Lectura

✠ Lectura del santo Evangelio según San Lucas 23, 39-43.

Uno de los malhechores crucificados lo insultaba diciendo:

—¿No eres tú el Mesías? Sálvate a ti y a nosotros.

Pero el otro lo reprendió diciendo:

—¿No tienes temor de Dios, tú, que sufres la misma pena? Lo nuestro es justo, recibimos la paga de nuestros delitos; pero él, en cambio, no ha cometido ningún crimen.

Y añadió:

—Jesús, cuando llegues a tu reino acuérdate de mí.

Jesús le contestó:

—Te aseguro que hoy estarás conmigo en el paraíso.

5. Catequesis

¿Cómo queremos que sea nuestra vida el día de nuestra muerte?

Muchas veces queremos organizar las cosas sin preocuparnos de Dios. Pero es inútil querer prescindir de Dios, ir en contra de su plan, hacer callar su voz en nuestra conciencia. ¡Cuántas veces insultamos a Cristo con nuestro comportamiento! Al lado de Cristo en la cruz, se encuentran dos hombres: uno reconoce a Jesús como Salvador y se arrepiente de sus errores, pero el otro se hunde en su pecado.

"Señor acuérdate de mí cuando llegues a tu Reino": no olvidemos a Dios durante nuestra vida. Dios no cambia nada en nuestra vida personal, si no aceptamos su invitación: a través de nuestro testimonio.

6. Oración de los fieles

Hermanos, levantemos nuestras manos confiados a quien nos dice de obra y de verdad: Yo soy la salvación del pueblo.

℟. Te lo rogamos, Señor Salvador nuestro.

—Para que se digne librar del poder de las tinieblas y del lugar del tormento el alma de su siervo (sierva) N., oremos al Señor.

—Para que el Señor se digne olvidar por siempre todos los pecados de su siervo (sierva) N., oremos al Señor.

—Para que el Señor resucite en el último día a su siervo (sierva) N., oremos al Señor.

—Por las almas de los hermanos, parientes y bienhechores nuestros, para que el Señor les otorgue el premio de sus trabajos, oremos al Señor.

7. Responsorio

Como en la página 48.

8. Canto final

Puede elegirse uno de los cantos que aparecen en el capítulo 8.

Séptimo Día

1. Monición

Hermanos, recordando las palabras "una lágrima se evapora, una flor se marchita, una oración sube al cielo", nos reunimos hoy para presentar nuestras oraciones pidiendo al Señor que conceda el descanso eterno al alma de N. llevándola a gozar de la paz de su amor.

2. Saludo

El Dios de la esperanza, por la acción del Espíritu Santo, nos colme de su paz. Amén.

3. Salmo 121 (120)

℣. El auxilio me viene del Señor, que hizo el cielo y la tierra.
℟. El auxilio me viene del Señor, que hizo el cielo y la tierra.

Levanto los ojos a los montes:
¿de dónde me vendrá el auxilio?
El auxilio me viene del Señor,
que hizo el cielo y la tierra.

No dejará que tropiece tu pie,
no duerme tu guardián.
No duerme, ni dormita
el guardián de Israel.

El Señor es tu guardián,
el Señor es tu sombra,
el Altísimo está a tu derecha;
de día el sol no te hará daño
ni la luna de noche.

El Señor te guarda de todo mal,
él guarda tu vida.
El Señor guarda tus entradas y salidas
ahora y por siempre.

4. Lectura

✠ Lectura del santo Evangelio según san Juan 19, 28-34.

Después, sabiendo que todo había terminado, para que se cumpliese la Escritura, Jesús dijo:

—Tengo sed.

Había allí un jarro lleno de vinagre. Empaparon una esponja en vinagre, la sujetaron a una caña y se la acercaron a la boca. Jesús tomó el vinagre y dijo:

—Todo se ha cumplido.

Dobló la cabeza y entregó el espíritu.

Era la víspera del sábado, el más solemne de todos; los judíos pidieron a Pilato que hiciera quebrar las piernas de los crucificados y mandara retirar sus cuerpos para que no quedaran en la cruz durante el sábado.

Fueron los soldados y quebraron las piernas a los dos crucificados con él. Al llegar a Jesús, viendo que estaba muerto, no le quebraron las piernas; sino que un soldado le abrió el costado con una lanza. En seguida brotó sangre y agua.

5. Catequesis

Porque era Dios, el maravilloso Dios compasivo revelado por Jesucristo, solícito por mostrar cuanto nos amaba, gustoso se vació de sí mismo, sufrió y murió.

"Nosotros hemos conocido el amor que Dios nos tiene, y hemos creído en su amor. Dios es amor. El que permanece en el amor, en Dios permanece y Dios está en él" (1 Jn. 4, 16). Por eso Jesús quiso que su corazón fuera abierto por la lanza. Pasamos del pecado a la vida creyendo en el amor de Dios para con nosotros; y entonces dejando que ese amor conduzca nuestras vidas. Luego, cuando decimos que Jesús vino a redimirnos, a salvarnos del pecado, podemos expresarlo de otra manera diciendo que Jesús vino a capacitarnos para creer en su amor por nosotros: creer sobre todo que Dios es un Dios amoroso.

6. Oración de los fieles

Ahora hermanos, oremos todos juntos a Dios nuestro Señor, de quien es propio perdonar y tener misericordia para que apiadándose del alma de su siervo (sierva) N. a quien llamó de este mundo la reciba en la gloria.

℟. Concédele Señor el descanso eterno.

—Te rogamos señor Dios omnipotente que creaste el alma de nuestro hermano (nuestra hermana) N. que te dignes recibirla como Padre misericordioso.

—Te rogamos Señor, Dios y Señor nuestro Jesucristo, que redimiste el alma de tu siervo (sierva) con tu sacratísima pasión y muerte.

—Te rogamos Señor Dios Espíritu Santo Paráclito, que santificaste el alma de nuestro hermano (nuestra hermana) con tus sacratísimos dones y gracias.

—Te rogamos Señor por la gloriosa intercesión y méritos de la bienaventurada Virgen María, madre y abogada nuestra: te dignes mirar compasivo el alma de quien durante su vida se acogió a su amparo maternal.

—Te rogamos Señor por la piadosa muerte de San José, Padre nutricio de tu hijo, que te dignes admitir su alma en compañía de todos los bienaventurados.

7. Responsorio

Como en la página 48.

8. Canto final

Puede elegirse uno de los cantos que aparecen en el capítulo 8.

Octavo Día

1. Monición

Hermanos, vamos a rogar por el descanso eterno del alma de N. La certeza de morir nos entristece, pero nos consuela la promesa de la futura inmortalidad. Al deshacerse nuestra morada terrenal, adquirimos una mansión eterna en el cielo. Con esta certeza, vamos a ofrecer nuestras oraciones.

2. Saludo

El amor de Dios Padre y de Jesucristo el Señor permanezca en nosotros. Amén.

3. Salmo 116 (115)

℣. Bienaventurados los difuntos que mueren en el Señor.
℟. Bienaventurados los difuntos que mueren en el Señor.

Amo al Señor porque escucha
mi voz suplicante,
porque tiende su oído hacia mí
en cuando lo invoco.

Me apretaban las redes de la muerte,
me alcanzaban los tormentos del Abismo,
preso de angustia y de congoja,
invoqué el Nombre del Señor:
¡Por favor, Señor, salva mi vida!

El Señor es clemente y justo,
nuestro Dios es compasivo.
El Señor guarda a los sencillos:
estaba yo agotado y me salvó.

¡Alma mía, recobra la calma,
que el Señor fue bueno contigo!
Arrancó mi vida de la muerte,
mis ojos de las lágrimas,
mis pies de la caída.

4. Lectura

✠ Lectura del santo Evangelio según san Mateo 25, 31-46.

Cuando el Hijo del Hombre llegue con majestad, acompañado de todos sus ángeles, se sentará en su trono de gloria y todas las naciones serán reunidas en su presencia. Él separará a unos de otros, como un pastor separa las ovejas de las cabras. Colocará a las ovejas a su derecha y a las cabras a su izquierda.

Entonces el rey dirá a los de la derecha: Vengan, benditos de mi Padre, a recibir el reino preparado para ustedes desde la creación del mundo. Porque tuve hambre y me dieron de comer, tuve sed y me dieron de beber, era emigrante y me recibieron, estaba desnudo y me vistieron, estaba enfermo y me visitaron, estaba encarcelado y me vinieron a ver.

Los justos le responderán: Señor, ¿cuándo te vimos hambriento y te alimentamos, sediento y te dimos de beber, emigrante y te recibimos, desnudo y te vestimos? ¿Cuándo te vimos enfermo o encarcelado y fuimos a visitarte?

El rey les contestará: Les aseguro que lo que hayan hecho a uno solo de éstos, mis hermanos menores, me lo hicieron a mí.

Después dirá a los de su izquierda: Apártense de mí, malditos, vayan al fuego eterno preparado para el Diablo y sus ángeles. Porque tuve hambre y no me dieron de comer, tuve sed y no me dieron de beber, era emigrante y no me recibieron, estaba desnudo y no me vistieron, estaba enfermo y encarcelado y no me visitaron.

Ellos replicarán: Señor, ¿cuándo te vimos hambriento o sediento, emigrante o desnudo, enfermo o encarcelado y no te socorrimos?

Él responderá: Les aseguro que lo que no hicieron a uno de estos más pequeños no me lo hicieron a mí. Éstos irán al castigo perpetuo y los justos a la vida eterna.

5. Catequesis

¿Sobre qué cosas nos va a juzgar Dios?

El juicio: Es el triunfo de la Verdad, de Cristo y de todos los que hayamos vivido su Evangelio con sus consecuencias de justicia y caridad.

La luz del juicio manifestará ante todos quiénes fueron los que vivieron encarnando la verdad en la caridad y en la justicia. "Nada quedará oculto que no haya de ser revelado", nos dice el Evangelio.

Aparecerán los pecados que por desgracia cometieron los justos y de los que se arrepintieron florecidos en gloria por la misericordia divina y por la gracia de la penitencia; y aparecerán las falsas virtudes, los vicios de aquellos que le negaron a Dios el derecho sobre su voluntad y su propia vida.

Los justos serán glorificados porque su fe los impulsó a amar a Cristo en sus dolores y humillaciones, y a los miembros pobres y humillados de su Cuerpo Místico. Los que no supieron amar se condenarán porque, a semejanza del demonio, dieron muerte a la verdad en su vida y no amaron a Jesucristo en las obras de misericordia que son la prueba de la verdadera religión.

El gran criterio para salvarte no será llevar una medalla, nada más o decir que no robas ni matas, será si has amado o no en Cristo.

6. Oración de los fieles

Confiados en la bondad de nuestro Dios, ya que Él es Padre misericordioso, oremos por los hermanos que murieron y por nosotros que peregrinamos hacia la casa paterna.

℟. Oh Señor; escucha y ten piedad.

—Por nuestro hermano (nuestra hermana) para que el Señor se digne colocarlo (a) en el reino de la luz y de la paz, roguemos al Señor.

—Por las almas de nuestros hermanos, parientes y bienhechores, para que el Señor les otorgue el premio de sus trabajos, roguemos al Señor.

—Por todos los que aceptaron el mensaje del Señor y murieron en el seno de la

Iglesia confesando y creyendo en El, roguemos al Señor.

—Por todos los enfermos que están graves, para que entren en la patria celestial, roguemos al Señor.

—Por todos los aquí reunidos para que siempre estemos preparados para la llegada del Señor, roguemos al Señor.

7. Responsorio

Como en la página 48.

8. Canto final

Puede elegirse uno de los cantos que aparecen en el capítulo 8.

Noveno Día

1. Monición

Hermanos, nos hemos reunido para rogar a la Santísima Virgen, Madre Dolorosa, por nuestro hermano (nuestra hermana) N. que ha dejado esta vida terrenal, para que Ella lo acoja como Madre buena en sus brazos y lo presente a su hijo y lo reciba en las eternas moradas.

2. Saludo

Hermanos, que la Madre de nuestro Dios, nos cubra con su maternal protección y nos ayude a comprender el valor del sufrimiento. Amén.

3. Salmo 141 (140)

℣. En Dios pongo mi esperanza y confío en su palabra.
℟. En Dios pongo mi esperanza y confío en su palabra.

Señor, te estoy llamando, ven deprisa,
escucha mi voz cuando te llamo.
Sea mi oración como incienso en tu presencia,
mis manos levantadas,
como ofrenda vespertina.

Coloca, Señor, un guardián en mi boca,
vigila, oh Altísimo, la puerta de mis labios.
No dejes que mi corazón se incline al mal,
a perpetrar acciones criminales
con hombres malhechores.

¡No seré comensal en sus banquetes!
Que el justo me golpee y el leal me reprenda,
mi cabeza no brillará con ungüento exquisito,
pues continuaré orando en sus desgracias.

A ti, Señor, Dueño mío, se vuelven mis ojos,
en ti me refugio, no me destruyas.
Guárdame del cepo que me han puesto,
de la trampa de los malhechores.

4. Lectura

Lectura del santo Evangelio según san Juan 19, 25-27.

Junto a la cruz de Jesús estaban su madre, la hermana de su madre, María de Cleofás y María Magdalena. Jesús, viendo a su madre y al lado al discípulo amado, dice a su madre:

—Mujer, ahí tienes a tu hijo.

Después dice al discípulo:

—Ahí tienes a tu madre.

Y desde aquel momento el discípulo se la llevó a su casa.

5. Catequesis

¿Cómo nos puede aliviar la Virgen María en estos momentos de tristeza?

Dios desde toda la eternidad, por los méritos anticipados de su Hijo, tenía en su mente la persona de la Virgen María, y ya desde entonces fue asociada a la obra de la Redención.

Jesús es sensible a la voz de su Madre; y ya desde entonces fue asociada a la obra de la Redención.

Jesús es sensible a la voz de su Madre y ella sabe que su hijo hará cuanto le pida.

Como culminación de su acto de amor, pendiente aún del madero de la Cruz, quiso dejarnos como otra prueba más de amor, lo más grande que le quedaba en la tierra: su Madre, para que fuera nuestra compañera inseparable en este valle de lágrimas.

6. Oración de los Fieles

Invoquemos hermanos, a María Madre de Dios y Madre nuestra, que con su fe y entrega a Dios permaneció firme al pie de la cruz, y nos dio ejemplo de resignación cristiana.

℞. Oh Señor; escucha y ten piedad.

—Para que, por intercesión de María, el Señor mire compasivo el alma de nuestro hermano (nuestra hermana) N., roguemos al Señor.

—Para que, por medio de María, Madre de todos los cristianos, vivamos una santa vida y alcancemos una santa muerte, roguemos al Señor.

—Para que los que no creen en Cristo, por intercesión de María, Madre de todos, lleguen al conocimiento de la fe y entren en la comunión de los elegidos de Dios, roguemos al Señor.

—Para que haya muchos santos sacerdotes que prediquen a Cristo, único camino que lleva al cielo, roguemos al Señor.

—Por todos los familiares de nuestro hermano (nuestra hermana) que ha salido de esta vida terrenal a la verdadera del cielo, para que anden en la justicia y la caridad y consigan su felicidad eterna, roguemos al Señor.

7. Responsorio

Como en la página 48.

8. Canto final

Puede elegirse uno de los cantos que aparecen en el capítulo 8.

5 SANTO ROSARIO POR LOS DIFUNTOS

El rezo del santo rosario es sencillo. Lo que nuestros mayores les han ido añadiendo es lo que lo ha complicado, de manera que casi no lo podemos recordar de memoria y necesitamos apoyo de los libros de oración.

Originalmente el rosario estaba formado por 150 avemarías de manera que concordara con el libro de los salmos. El 1 de septiembre del 1883, el Papa León XIII, en la exhortación «*Supremi Apostolatus*», pidió que durante todo el mes de octubre de ese año se rezase el rosario con las letanías lauretanas. Más tarde, el 16 de octubre del 2002 con la carta apostólica «*Rosarium Virginis Mariae*», el Papa Juan Pablo II añadió otros cinco misterios al rosario.

Aunque parece una oración compleja, realmente el rosario es una de las oraciones más simples que tiene la Iglesia. Por eso vamos a considerar dos modos de rezar el rosario en atención a los difuntos y a sus familiares.

¿Cómo se reza el rosario? El rosario está formado por los 15 (ahora 20) misterios, tras anunciarse cada misterio se reza un padrenuestro, diez avemarías y un gloria al Padre. Lo que actualmente rezamos se le solía llamar tercio, porque era simplemente una tercera parte del rosario completo. Por eso el rosario más común que se puede encontrar es que lleva una cruz colgando con cinco cuentas que están unidas a otras cincuenta y cuatro cuentas, distribuidas en bloques de diez y separadas cada una de ellas por una cuenta mayor.

En las cuentas mayores se rezan los padrenuestros. En las cuentas pequeñas se rezan las avemarías.

Cuando el rosario se reza en grupo, se suele alternar el rezo del padrenuestro y de las avemarías. Siempre hay una persona que dirige el rosario, mientras los demás responden.

No es necesario terminar el rosario con las letanías. Aunque se pueden tener las letanías si se está rezando en grupo. Pero si se reza individualmente, queda a opción de la persona añadir las letanías o no.

También se han añadido algunas jaculatorias al rezo del rosario. Pueden hacerse si parecen convenientes.

Los misterios del rosario llevan un orden de acuerdo a los días de la semana, pero si se va a tener un rosario solamente es preferible hacer los misterios gloriosos.

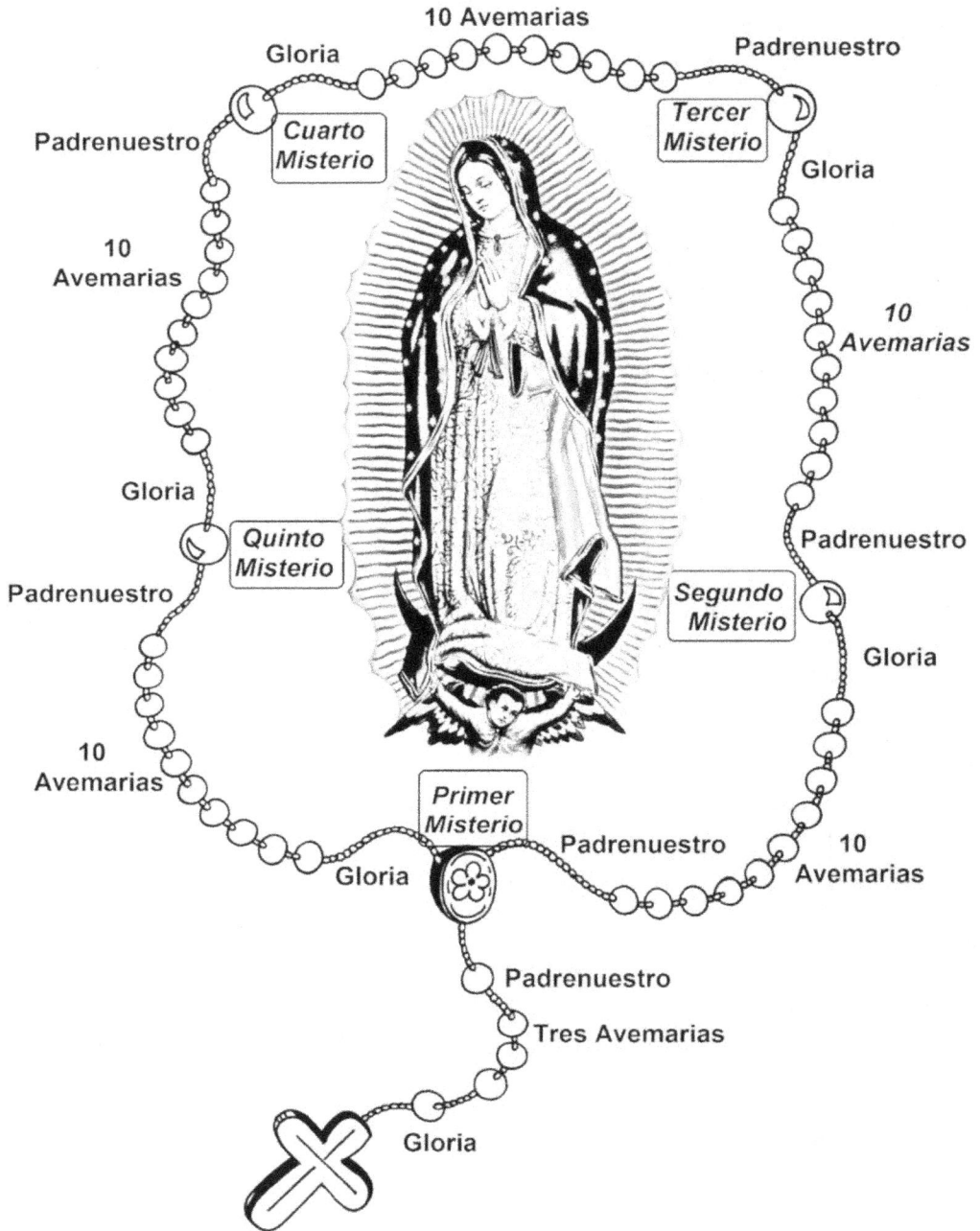

10 Avemarias

Gloria — Padrenuestro

Padrenuestro

Cuarto Misterio

Tercer Misterio

Gloria

10 Avemarias

10 Avemarias

Gloria

Quinto Misterio

Padrenuestro

Padrenuestro

Segundo Misterio

Gloria

10 Avemarias

Primer Misterio

Padrenuestro

Gloria

10 Avemarias

Padrenuestro

Tres Avemarias

Gloria

Modo simple del rezo del rosario

℣. En el nombre del Padre, y del Hijo y del Espíritu Santo
℟. Amén

Vamos a ofrecer este rosario por el eterno descanso de N. Los misterios en que vamos a meditar son los _____.

Misterios gozosos   (*Lunes y sábado*)
1. La encarnación del Hijo de Dios.
2. La visitación de Nuestra Señora a su prima Santa Isabel.
3. El nacimiento del Hijo de Dios.
4. La Presentación de Jesús en el templo.
5. El Niño Jesús perdido y hallado en el templo.

Misterios luminosos   (*Jueves*)
1. El Bautismo de Jesús en el Jordán.
2. La autorrevelación de Jesús en las bodas de Caná.
3. El anuncio del Reino de Dios invitando a la conversión.
4. La Transfiguración.
5. La Institución de la Eucaristía.

Misterios dolorosos   (*Martes y viernes*)
1. La Oración de Jesús en el Huerto.
2. La Flagelación del Señor.
3. La Coronación de espinas.
4. Jesús con la Cruz a cuestas camino del Calvario.
5. La Crucifixión y Muerte de Nuestro Señor.

Misterios gloriosos   (*Miércoles y domingo*)
1. La Resurrección del Hijo de Dios.
2. La Ascensión del Señor a los Cielos.
3. La Venida del Espíritu Santo sobre los Apóstoles.
4. La Asunción de Nuestra Señora a los Cielos.
5. La Coronación de la Santísima Virgen como Reina de Cielos y Tierra.

Después de anunciar el misterio a meditar, se reza el Padrenuestro, acompañado de diez avemarías y al final se dice el gloria al Padre.

Padre nuestro que estás en el cielo,
santificado sea tu Nombre;
venga a nosotros tu Reino;
hágase tu voluntad
en la tierra como en el cielo.

Danos hoy
nuestro pan de cada día;
perdona nuestras ofensas,
como también nosotros perdonamos
a los que nos ofenden;
no nos dejes caer en la tentación,
y líbranos del mal. Amén.

Dios te salve, María,
llena eres de gracia;
el Señor es contigo.
Bendita Tú eres
entre todas las mujeres,
y bendito es el fruto de tu vientre, Jesús.

Santa María, Madre de Dios,
ruega por nosotros, pecadores,
ahora y en la hora de nuestra muerte. Amén

Gloria al Padre
y al Hijo
y al Espíritu Santo.

Como era en el principio,
ahora y siempre,
por los siglos de los siglos. Amén.

Oración al terminar el rosario

℣. Ruega por nosotros, Santa Madre de Dios,
℟. para que seamos dignos de alcanzar las promesas de Nuestro Señor Jesucristo.

Oremos
Oh Dios, cuyo Hijo por medio de su vida, muerte y resurrección, nos otorgó los premios de la vida eterna, te rogamos que, venerando humildemente los misterios del Rosario de la Santísima Virgen María, imitemos lo que contienen y consigamos lo que nos prometen.
Por Jesucristo, nuestro Señor. Amén

O bien, esta otra oración
Oremos
Te pedimos Señor, nos concedas a nosotros tus siervos, gozar de perpetua salud de alma y cuerpo, y por la gloriosa intercesión de la bienaventurada siempre Virgen María, seamos librados de las tristezas presentes y gocemos de la eterna alegría.
Por Jesucristo, nuestro Señor. Amén.

Modo complejo del rezo del rosario

Oraciones Iniciales del Santo Rosario

Si está presente el ataúd con los restos mortales

Hermanos, mientras realizamos el piadoso gesto de velar a nuestro hermano (nuestra hermana) N., roguemos confiadamente a Dios, fuente de toda Vida, para que llene con la gloria y felicidad de los Santos a quien ahora velamos en la debilidad de su cuerpo mortal.

Pidámosle que tenga misericordia de él (ella) en el día del juicio; que lo (la) libre de la condenación y lo (la) absuelva de los castigos merecidos por sus culpas y así, reconciliado (reconciliada) con Dios, nuestro Padre, sea llevado (llevada) por Jesucristo, nuestro buen pastor, hasta su reino eterno, a gozar de su compañía y la de todos los Santos.

℣. Ave María Purísima
℟. Sin pecado concebida.

℣. Por la señal ✠ de la santa cruz,
de nuestros ✠ enemigos
líbranos, ✠ Señor Dios Nuestro.
En el Nombre del Padre, ✠ y del Hijo
y del Espíritu Santo. Amén

℣. Abre Señor mis labios.
℟. Y mi boca proclamara tu Alabanza.

℣. Dios Mío ven en mi auxilio.
℟. Date prisa Señor en socorrerme.
℣. Gloria al Padre, y al Hijo y al Espíritu Santo.
℟. Como era en el principio, ahora y siempre por los siglos de los siglos Amén.

℣. Dulce Jesús de mi vida

Prenda de mi Corazón
a tus Pies yo me arrodillo
y te pido perdón,
te pido de penitencia
me des la absolución
por si este día, (noche) muero
me sirva de confesión.

Que el Padre me dé su Gracia
y el Hijo su Bendición
que la Santísima Virgen
me conforte, por si
a la hora de mi muerte
no puedo pedir perdón
ahora te lo pido
con un acto de contrición:

Acto de Contrición

Señor mío Jesucristo, Dios y Hombre verdadero, creador y redentor mío; por ser Tú quién eres y porque te amo sobre todas las cosas, me pesa de todo corazón haberte ofendido, propongo enmendarme y confesarme a su tiempo; ofrezco cuanto haga en satisfacción de mis pecados y confío a tu bondad y misericordia infinitas que me perdones por tu preciosa sangre y me des la gracia de nunca más pecar. Amén.

A la Virgen María

¡Oh Virgen María, Madre de Dios y Madre Nuestra, Reina del Santo Rosario! Confiados en tu bondad nos acercamos a ti, para honrar tu Nombre y consolar nuestras almas.

Ábrenos, Señora, la puerta de tu Corazón y descúbrenos la luz de tus misterios, contenidos en el Santo Rosario para que en ellos encontremos virtud para nuestras almas, tranquilidad para nuestro corazón, paz para nuestras familias, salud para nuestros enfermos y libertad para las almas del Purgatorio.

Socorre especialmente a nuestro hermano (nuestra hermana) N. y concédenos la dicha de ser hijos tuyos en vida y a la hora de nuestra muerte. Amén.

Padre clementísimo, a ti encomendamos el alma de nuestro hermano (nuestra hermana) N. apoyados en la certeza de que resucitará en el último día con Cristo y con todos los que han muerto en Cristo.

Que tu corazón misericordioso se conmueva, por nuestro hermano (nuestra hermana), abre a tu hijo (hija) las puertas del cielo, y a nosotros, que permanecemos en este mundo, ayúdanos a saber consolarnos con palabras de fe, hasta que un día todos encontremos con Cristo y permanezcamos con Él y con nuestro hermano (nuestra hermana) N. Por Jesucristo Nuestro, Señor. ℟. Amén.

Abre, Señor, nuestros labios y limpia nuestros corazones de impertinentes pensamientos, ilumina nuestro entendimiento para que, atenta, digna y devotamente recemos este Santo Rosario; pidiéndote por el eterno reposo de nuestro hermano (nuestra hermana) N. Te damos gracias por el tiempo que nos acompañó en nuestro caminar hacia ti y te pedimos nos concedas llegar a disfrutar de las bondades de tu reino.

Tú, Padre Dios, que perdonas y deseas la salvación de todos tus hijos, míranos con tu clemencia para que, por la intercesión de María Santísima y de todos los santos concedas a tu siervo (sierva) N. la gracia de llegar a la Vida Eterna.

℟. Amén.

Los Misterios que vamos a ofrecer por el descanso eterno de nuestro hermano (nuestra hermana) N. son:

Misterios Gozosos
(Lunes y sábado)

En el *primer misterio*, meditaremos sobre La Anunciación del ángel Gabriel a María santísima y la encarnación del Verbo Divino en sus entrañas virginales.

Del Evangelio según san Lucas 1, 26-38.

El sexto mes envió Dios al ángel Gabriel a una ciudad de Galilea llamada Nazaret, a una virgen prometida a un hombre llamado José, de la familia de David; la virgen se llamaba María. Entró el ángel a donde estaba ella y le dijo:

—Alégrate, llena de gracia, el Señor está contigo.

Al oírlo, ella quedó desconcertada y se preguntaba qué clase de saludo era aquél. El ángel le dijo:

—No temas, María, que gozas del favor de Dios. Mira, concebirás y darás a luz un hijo, a quien llamarás Jesús. Será grande, llevará el título de Hijo del Altísimo; el Señor Dios le dará el trono de David, su padre, para que reine sobre la Casa de Jacob por siempre y su reino no tenga fin.

María respondió al ángel:

—¿Cómo sucederá eso si no convivo con un hombre?

El ángel le respondió:

—El Espíritu Santo vendrá sobre ti y el poder del Altísimo te cubrirá con su sombra; por eso, el consagrado que nazca llevará el título de Hijo de Dios. Mira, también tu pariente Isabel ha concebido en su vejez, y la que se consideraba estéril está ya de seis meses. Pues nada es imposible para Dios.

Respondió María:

—Yo soy la esclava del Señor: que se cumpla en mí tu palabra.

El ángel la dejó y se fue.

Así como María aceptó con valor y humildad la invitación a ser la Madre de Jesús, así también nosotros tenemos que aceptar con sencillez y decisión el llamado de Dios a ser sus hijos. Acordémonos de que se trata de un gran compromiso.

¡Oh María, dulcísima, consuelo de las almas! Este Padrenuestro y diez Avemarías te los ofrecemos por el gozo que tuviste cuando, saludada por el ángel, te anunció la encarnación del hijo de Dios en tus entrañas; por Él te suplicamos que el alma de nuestro hermano (nuestra hermana) N. y todas aquellas almas que están en el purgatorio, reciban alegres noticias de la gloria eterna, a donde vayan a descansar. Te lo pedimos por Jesucristo nuestro Señor.

℟. Amen

Se repite a cada misterio, después de la meditación:

María con solo nombrarte mi alma recibe alegría, con la esperanza que tengo de verte en mi compañía, del Arca Testamento y de la Paz alegría, con el nombre de María empiezo este Padre Nuestro.

(Se reza un *Padre nuestro, diez Avemarías* y *Gloria al…*)

℣. María, Madre de gracia, Madre de misericordia.
℟. En la vida y en la muerte ampáranos gran Señora.

En el *segundo misterio* meditaremos sobre: La visita de la Virgen María a su prima santa Isabel.

Del Evangelio según san Lucas 1, 39-45.

Entonces María se levantó y se dirigió apresuradamente a la serranía, a un pueblo de Judea. Entró en casa de Zacarías y saludó a Isabel. Cuando Isabel oyó el saludo de María, la criatura dio un salto en su vientre; Isabel, llena de Espíritu Santo, exclamó con voz fuerte:

—Bendita tú entre las mujeres y bendito el fruto de tu vientre. ¿Quién soy yo para que me visite la madre de mi Señor? Mira, en cuanto tu saludo llegó a mis oídos, la criatura dio un salto de gozo en mi vientre. ¡Dichosa tú que creíste! Porque se cumplirá lo que el Señor te anunció.

Al saber que su prima Isabel se encontraba en el sexto mes de su embarazo, de inmediato María fue a visitarla para ponerse a su disposición. Esto representa una gran lección para nosotros: pues cuanto uno más ama al prójimo, tanto más ama a Dios.

¡Oh María, refugio de pecadores! Este Padre nuestro y diez Avemarías te lo ofrecemos por el gozo que tuviste cuando, visitando a santa Isabel, fuiste por ella reconocida como Madre de Dios, y por haber sido intermediaria para librar de la culpa al niño Juan; por este gozo te suplicamos que visites y consueles a nuestro hermano (nuestra hermana) N. y a los que están en el purgatorio para que intercedas por ellos ante tu Hijo. Te lo pedimos por Jesucristo nuestro Señor.

℟. Amén, Jesús.

En el *tercer misterio* meditaremos sobre: El nacimiento del niño Jesús en el portal de Belén.

Del Evangelio según san Lucas 2, 6-11.

Estando José y María allí, le llegó la hora del parto y dio a luz a su hijo primogénito. Lo envolvió en pañales y lo acostó en un pesebre, porque no habían encontrado sitio en la posada.

Había unos pastores en la zona que cuidaban por turnos los rebaños a la intemperie. Un ángel del Señor se les presentó. La gloria del Señor los cercó de resplandor y ellos sintieron un gran temor. El ángel les dijo:

—No teman. Miren, les doy una Buena Noticia, una gran alegría para todo el pueblo: Hoy les ha nacido en la Ciudad de David el Salvador, el Mesías y Señor.

¿Quiénes reconocieron en aquel niño al Mesías esperado? María, José y unos cuantos pastores, gente humilde que había puesto en Dios su confianza. Lo mismo pasará con nosotros: si somos humildes y confiamos en Dios, sentiremos su presencia en nuestro corazón.

¡Oh María, estrella del mar, norte fijo de la Iglesia! Este Padrenuestro y diez Avemarías te lo ofrecemos por el gozo que tuviste cuando, naciendo de tu vientre, como de la aurora, el Sol de Justicia, Cristo, alumbró a los que estaban en tinieblas; a Él suplicamos que nuestro hermano (nuestra hermana) N. y todos aquellos que están en el purgatorio, merezcan salir de esas tinieblas y llegar a los resplandores de su Gloria. Te lo pedimos por Jesucristo nuestro Señor.

R̃. Amén.

En el *cuarto misterio* meditaremos sobre: La presentación del niño Jesús en el Templo.

Del Evangelio según san Lucas 2, 22-35.

Y, cuando llegó el día de su purificación, de acuerdo con la ley de Moisés, lo llevaron a Jerusalén para presentárselo al Señor, como manda la ley del Señor: Todo primogénito varón será consagrado al Señor; además ofrecieron el sacrificio que manda la ley del Señor: un par de tórtolas o dos pichones.

Había en Jerusalén un hombre llamado Simeón, hombre honrado y piadoso, que esperaba la liberación de Israel y se guiaba por el Espíritu Santo. Le había comunicado el Espíritu Santo que no moriría sin antes haber visto al Mesías del Señor. Conducido, por el mismo Espíritu, se dirigió al templo. Cuando los padres introducían al niño Jesús para cumplir con él lo mandado en la ley, Simeón lo tomó en brazos y bendijo a Dios diciendo:

Ahora, Señor, según tu palabra,

puedes dejar que tu sirviente muera en paz

porque mis ojos han visto a tu salvación,

que has dispuesto

ante todos los pueblos

como luz para iluminar a los paganos

y como gloria de tu pueblo Israel.

El padre y la madre estaban admirados de lo que decía acerca del niño. Simeón los bendijo y dijo a María, la madre:

—Mira, este niño está colocado de modo que todos en Israel o caigan o se levanten; será signo de contradicción y así se manifestarán claramente los pensamientos de todos. En cuanto a ti, una espada te atravesará el corazón.

Según la Ley de Moisés, a los cuarenta días Jesús fue presentado al templo. En esto María y José nos dan un ejemplo en el cumplimiento de sus deberes religiosos. También nosotros, si queremos ser cristianos de verdad, tenemos que cumplir con la ley de Dios. No podemos decir que no tenemos tiempo. Si el tiempo nos alcanza para las cosas de este mundo, ¿por qué no tiene que alcanzarnos para las cosas de Dios?

¡Oh Purísima María, que, sin obligarte la ley de la purificación, presentaste a tu Santísimo Hijo en el templo, con especial gozo de verle reconocido como Verdadero Dios! Este Padrenuestro y diez Avemarías te los ofrecemos suplicando que nuestro hermano (nuestra hermana) N. y todos aquellos que están en el purgatorio, sean, por tu intercesión, purificados para entrar en el templo de la gloria. Te lo pedimos por Jesucristo nuestro Señor.

℞. Amén.

En el *quinto misterio*, meditaremos sobre: El niño Jesús perdido y hallado en el Templo.

Del Evangelio según san Lucas 2, 41-47.

Para la fiesta de Pascua iban sus padres todos los años a Jerusalén. Cuando cumplió doce años, subieron a la fiesta según costumbre. Al terminar ésta, mientras ellos se volvían, el niño Jesús se quedó en Jerusalén, sin que sus padres lo supieran. Pensando que iba en la caravana, hicieron un día de camino y se pusieron a buscarlo entre los parientes y los conocidos. Al no encontrarlo, regresaron a buscarlo a Jerusalén. Luego de tres días lo encontraron en el templo, sentado en medio de los doctores de la ley, escuchándolos y haciéndoles preguntas. Y todos los que lo oían estaban maravillados ante su inteligencia y sus respuestas.

Para Jesús lo más importante era hacer la voluntad del Padre. Por eso se quedó en el templo de Jerusalén, sin ni siquiera avisar a María y a José. Esto nos quiere enseñar que primero está Dios. Por lo tanto, nadie, por obedecer a los hombres, ponga a un lado la obediencia hacia Dios.

¡Oh María, seguro medio para hallar a Jesús! Este Padrenuestro y diez Avemarías te los ofrecemos por el gozo que tuviste al encontrar en el templo a tu hijo Jesús; por eso te suplicamos que nuestro hermano (nuestra hermana) N. y todos los que se encuentran en el purgatorio tengan, por tus ruegos, el alivio de sus penas y lleguen a mirar a Jesús en el templo de su gloria. Te lo pedimos por Jesucristo nuestro Señor.

℞. Amén.

Véase, más adelante, en la página 90 las oraciones para terminar el rosario.

Misterios Luminosos
(Jueves)

En el *primer misterio*, meditaremos el bautismo de Jesús en el Jordán.

Del Evangelio según san Mateo 3,13-17.

Entonces fue Jesús desde Galilea al Jordán y se presentó a Juan para que lo bautizara.

Juan se resistía diciendo:

—Soy yo quien necesito que tú me bautices, ¿y tú acudes a mí?

Jesús le respondió:

—Ahora haz lo que te digo pues de este modo conviene que realicemos la justicia plena.

Ante esto Juan aceptó.

Después de ser bautizado, Jesús salió del agua y en ese momento se abrió el cielo y vio al Espíritu de Dios que bajaba como una paloma y se posaba sobre él. Se escuchó una voz del cielo que decía:

—Éste es mi Hijo querido, mi predilecto.

Así como Jesús, cada uno de nosotros y nuestro hermano (a) N. hemos sido bautizados. El bautismo nos ha hecho Hijos de Dios, y, por lo tanto, herederos de su casa y de su amor. Al morir creemos que volvemos a la casa del Padre para vivir en plenitud nuestra vida de Hijos suyos.

¡Oh María, dulcísima, consuelo de las almas! Este Padrenuestro y diez Avemarías te los ofrecemos por la alegría que nos da el sabernos Hijos de Dios y herederos de su misericordia, te suplicamos que el alma de nuestro hermano (nuestra hermana) N. y aquellas almas que están en el purgatorio, regresen alegres a la casa del Padre, en donde disfrutarán de la vida plena por siempre. Te lo pedimos por Jesucristo nuestro Señor.

℟. Amen.

En el *segundo misterio*, meditaremos la autorrevelación del Señor en las bodas de Caná.

Del Evangelio según san Juan 2,1-11.

Tres días después se celebraba una boda en Caná de Galilea; allí estaba la madre de Jesús. También Jesús y sus discípulos estaban invitados a la boda. Se acabó el vino, y la madre de Jesús le dice:

—No tienen vino.

Jesús le responde:

—¿Qué quieres de mí, mujer? Aún no ha llegado mi hora.

La madre dice a los que servían:

—Hagan lo que él les diga.

Había allí seis tinajas de piedra destinadas a los ritos de purificación de los judíos, con una capacidad de setenta a cien litros cada una. Jesús les dice:

—Llenen de agua las tinajas.

Las llenaron hasta el borde. Les dice:

—Ahora saquen un poco y llévenle al encargado del banquete para que lo pruebe.

Se lo llevaron. Cuando el encargado del banquete probó el agua convertida en vino, sin saber de dónde procedía, aunque los servidores que habían sacado el agua lo sabían, se dirige al novio y le dice:

—Todo el mundo sirve primero el mejor vino, y cuando los convidados están algo bebidos, saca el peor. Tú, en cambio has guardado hasta ahora el vino mejor.

En Caná de Galilea hizo Jesús esta primera señal, manifestó su gloria y creyeron en él los discípulos.

Jesús se nos revela en las bodas de Caná como el que siempre dispuesto a escuchar a su madre y a socorrer nuestras necesidades. Jesús y María nunca nos dejan solos, aun en los momentos de dolor y necesidad reconocemos su presencia entre nosotros, presencia siempre amorosa y llena de ternura por los que más sufren.

¡Oh María, dulcísima, consuelo de las almas! Este Padrenuestro y diez Avemarías te los ofrecemos por la tranquilidad y la esperanza que nos da el saber que, en compañía de tu Hijo Jesús, siempre estás cerca de nosotros para sostenernos y ayudarnos cuando más lo necesitamos; te suplicamos que el alma de nuestro hermano (nuestra hermana) N. y todas aquellas que están en el purgatorio sean bendecidas con la dicha de disfrutar de la Vida Eterna. Te lo pedimos por Jesucristo nuestro Señor.

℟. Amen.

En el *tercer misterio*, meditaremos el anuncio del Reino de Dios y la invitación a la conversión.

Del Evangelio según san Marcos 1, 14-15.

Cuando arrestaron a Juan, Jesús se dirigió a Galilea a proclamar la Buena Noticia de Dios. Decía:

—Se ha cumplido el tiempo y está cerca el reino de Dios. Arrepiéntanse y crean en la Buena Noticia.

Jesús, mientras estuvo con nosotros, nos anunció la llegada del Reino de Dios que no es otra cosa más que la vida que Dios quiere para todos sus hijos; pero para recibir esta vida era necesario convertirnos, es decir, abrir nuestro corazón a Dios. Hoy el sigue invitándonos a abrir las puertas de nuestro corazón y de nuestras familias para que esa vida que Él quiere para todos nosotros, la podamos disfrutar ya desde ahora.

¡Oh María, dulcísima, consuelo de las almas! Este Padrenuestro y diez Avemarías te los ofrecemos en agradecimiento por habernos dado al Hijo de Dios que nos trae una vida nueva y digna para todos; te suplicamos que el alma de nuestro hermano (nuestra hermana) N. y todas aquellas que están en el purgatorio disfruten en plenitud de esa vida, de ese Reino que Jesús vino a anunciarnos. Te lo pedimos por Jesucristo nuestro Señor.

℟. Amen.

En el *cuarto misterio*, meditaremos la Transfiguración del Señor.

Del Evangelio según san Lucas 9, 28-36.

Ocho días después de estos discursos, tomó a Pedro, Juan y Santiago y subió a una montaña a orar. Mientras oraba, su rostro cambió de aspecto y su ropa resplandecía de blancura. De pronto dos hombres hablaban con él: eran Moisés y Elías, que aparecieron gloriosos y comentaban la partida de Jesús que se iba a consumar en Jerusalén. Pedro y sus compañeros tenían mucho sueño. Al despertar, vieron su gloria y a los dos hombres que estaban con él. Cuando éstos se retiraron, dijo Pedro a Jesús:

—Maestro, ¡qué bien se está aquí! Vamos a armar tres chozas: una para ti, una para Moisés y una para Elías –no sabía lo que decía–.

Apenas lo dijo, vino una nube que les hizo sombra. Al entrar en la nube, se asustaron. 35Y se escuchó una voz que decía desde la nube:

—Éste es mi Hijo elegido. Escúchenlo.

Al escucharse la voz, se encontraba Jesús solo. Ellos guardaron silencio y por entonces no contaron a nadie lo que habían visto.

Jesús se llevó al monte Tabor a Pedro, Santiago y Juan para manifestarles plenamente, en el resplandor de su rostro, que Él era el Hijo de Dios. Él quiso mostrarles, desde aquí, lo que verían después al regresar a la casa del Padre. Los apóstoles fueron fieles a la misión confiada y ahora gozan por siempre de aquella experiencia inolvidable que vivieron cuando Jesús se transfiguró en su presencia.

¡Oh María, dulcísima, consuelo de las almas! Este Padrenuestro y diez Avemarías te los ofrecemos por la esperanza que tenemos de que, después de haber cumplido fielmente nuestra misión en esta vida, también contemplaremos cara a cara a tu Hijo Jesús; te suplicamos que el alma de nuestro hermano (nuestra hermana) N. y todas aquellas que están en el purgatorio contemplen ya a nuestro Señor como los apóstoles lo hicieron en el monte Tabor. Te lo pedimos por Jesucristo nuestro Señor.

℟. Amen.

En el *quinto misterio*, meditaremos la institución de la Eucaristía.

Del Evangelio según san Marcos 14, 22-25.

Mientras cenaban, tomó pan, pronunció la bendición, lo partió y se lo dio diciendo:

—Tomen, esto es mi cuerpo.

Y tomando la copa, pronunció la acción de gracias, se la dio y bebieron todos de ella. Les dijo:

—Ésta es mi sangre, sangre de la alianza, que se derrama por todos. Les aseguro que no volveré a beber el fruto de la vid hasta el día en que beba el vino nuevo en el reino de Dios.

Jesús se quedó entre nosotros. Lo encontramos en cada uno de nuestros hermanos, principalmente en los que más sufren; pero también lo encontramos, y de manera muy especial, en la Eucaristía. En ella cumple su promesa de estar con nosotros todos los días hasta el fin del mundo. En ella también se queda como alimento nuestro para que comamos y bebamos y así, tengamos Vida Eterna.

¡Oh María, dulcísima, consuelo de las almas! Este Padrenuestro y diez Avemarías te los ofrecemos por el agradecimiento que sienten nuestros corazones al saber que tu Hijo se ha quedado con nosotros en la Eucaristía; te suplicamos que el alma de nuestro hermano (nuestra hermana) N. y todas aquellas que están en el purgatorio, que ya desde esta vida se alimentaron del Pan que da la Vida Eterna, vivan para siempre en la presencia de nuestro Padre Celestial. Te lo pedimos por Jesucristo nuestro Señor.

℟. Amen.

Véase, más adelante, en la página 90 las oraciones para terminar el rosario.

Misterios Dolorosos
(Martes y viernes)

En el *primer misterio*, meditaremos sobre: La oración de Jesús en el huerto.

Del Evangelio según san Mateo 26, 36-42.
Entonces Jesús fue con ellos a un lugar llamado Getsemaní y dijo a sus discípulos:
—Siéntense aquí mientras yo voy allá a orar.
Tomó a Pedro y a los dos hijos de Zebedeo y empezó a sentir tristeza y angustia.
Les dijo:
—Siento una tristeza de muerte; quédense aquí, y permanezcan despiertos conmigo.
Se adelantó un poco y, postrado su rostro en tierra, oró así:
—Padre, si es posible, que se aparte de mí esta copa. Pero no se haga mi voluntad, sino la tuya.
Volvió a donde estaban los discípulos. Los encontró dormidos y dijo a Pedro:
—¿Será posible que no han sido capaces de estar despiertos una hora conmigo? Estén atentos y oren para no caer en la tentación. El espíritu está dispuesto, pero la carne es débil.
Por segunda vez se alejó a orar:
—Padre, si esta copa no puede pasar sin que yo la beba, que se haga tu voluntad.

Aunque Jesús era Hijo de Dios, sintió la necesidad de prepararse a la muerte mediante la oración. Es precisamente en la oración donde Jesús encuentra la fuerza para enfrentarse con valor a los sufrimientos. Es un ejemplo para nosotros. No podremos superar las distintas pruebas de la vida si no tenemos la costumbre de orar. En realidad, la oración es la fuerza del cristiano.

¡Oh dolorosísima Madre de Jesús, quien, despedido y apartado de tu compañía, oró con mortales agonías en el huerto, donde por un ángel fue confortado! Este Padrenuestro y diez Avemarías te los ofrecemos, para que por tu intercesión nuestro hermano (nuestra hermana) N. y aquellos que están en el purgatorio, sean conformados por Jesucristo en sus penas. Te lo pedimos por Jesucristo nuestro Señor.
R⁷. Amén.

En el *segundo misterio* meditaremos sobre: La flagelación de nuestro Señor Jesucristo atado a la columna.

Del Evangelio según san Marcos 15, 12-15.
Pilato respondió otra vez:
—¿Y qué [quieren] que haga con el [que llaman] rey de los judíos?
Gritaron:
—¡Crucifícalo!
Pilato dijo:
—Pero, ¿qué mal ha hecho?

Ellos gritaban más fuerte:

—¡Crucifícalo!

Pilato, decidido a dejar contenta a la gente, les soltó a Barrabás y a Jesús lo entregó para que lo azotaran y lo crucificaran.

En nuestra vida buscamos siempre las comodidades. Y, muchas veces, para conseguir más satisfacciones, nos olvidamos de la Ley de Dios. Jesús tuvo que pagar todos estos pecados mediante la flagelación, que transformó toda su espalda en una inmensa llaga.

¡Oh María, mar de dolores! Este Padrenuestro y diez Avemarías te los ofrecemos en memoria del inmenso dolor que tuviste, viendo desnudo y azotado cruelmente al Hijo de tus entrañas; por Él te suplicamos que intercedas para que nuestro hermano (nuestra hermana) N. y todos aquellos que se encuentran en el Purgatorio, sean liberados de sus sufrimientos. Te lo pedimos por Jesucristo nuestro Señor.

℟. Amén.

En el *tercer misterio* meditaremos sobre: La coronación de espinas de nuestro Señor Jesucristo.

Del Evangelio según san Marcos 15, 16-20.

Los soldados se lo llevaron dentro del palacio, al pretorio, y convocaron a toda la guardia. Lo vistieron de púrpura, trenzaron una corona de espinas y se la colocaron. Y se pusieron a hacerle una reverencia:

—¡Salud, rey de los judíos!

Le golpeaban la cabeza con una caña, le escupían y doblando la rodilla le rendían homenaje. Terminada la burla, le quitaron la púrpura, lo vistieron con su ropa y lo sacaron para crucificarlo.

El orgullo ha sido siempre la causa de muchos pecados. Para pagar nuestros pecados de orgullo. Jesús aceptó la humillación de ser coronado con espinas, como un rey de burlas. Si queremos vivir como verdaderos cristianos, tenemos que luchar en contra del orgullo y la soberbia. ¡Cuántos pleitos y cuántos rencores se pueden evitar mediante la humildad!

¡Oh María, rosa entre espinas! Este Padrenuestros y diez Avemarías te los ofrecemos en desagravio por el dolor que tuviste viendo a tu Hijo, afectado y coronado de espinas; te suplicamos que, por este dolor, nuestro hermano (nuestra hermana) N. y los que se encuentran en el purgatorio, sean, por tu intercesión, libres de las penas que padecen y coronados en la Gloria. Te lo pedimos por Jesucristo nuestro Señor.

℟. Amén.

En el *cuarto misterio* meditaremos sobre: La subida de Jesús al monte Calvario.

Del Evangelio según san Marcos 15,21-28.

Pasaba por allí de vuelta del campo un tal Simón de Cirene, padre de Alejandro y Rufo, y lo forzaron a cargar con la cruz. Lo condujeron al Gólgota, que significa Lugar de la Calavera. Le ofrecieron vino con mirra, pero él no lo tomó. Lo crucificaron y se repartieron su ropa, echando a suertes lo que le tocara a cada uno.

Eran las nueve de la mañana cuando lo crucificaron.

La inscripción que indicaba la causa de la condena decía: El rey de los judíos. Con él crucificaron a dos asaltantes, uno a la derecha y otro a la izquierda. Y se cumplió la Escritura que dice: Y fue contado entre los malhechores.

Por amor a nosotros Jesús cargó con la cruz y subió al Calvario. En lugar de juzgar y condenar a los demás, tenemos que hacer el esfuerzo por soportar sus defectos y ayudarlos a superarse. Sólo así imitaremos a Jesús.

¡Oh María, traspasada de dolor en la calle de la amargura, por encontrar en ella a tu inocente Hijo, sentenciado a muerte y agobiado con el grave peso de la cruz! Este Padrenuestro y diez Avemarías te los ofrecemos suplicándote que nuestro hermano (nuestra hermana) N. y aquellos que están en el purgatorio, por tus ruegos ante Jesucristo sean libres de la cruz de penas que padecen. Te lo pedimos por Jesucristo nuestro Señor.

℟. Amén.

En el *quinto misterio* meditaremos sobre: La Crucifixión y Muerte de Jesús.

Del Evangelio según san Juan 19,28-30.

Después, sabiendo que todo había terminado, para que se cumpliese la Escritura, Jesús dijo:

—Tengo sed.

Había allí un jarro lleno de vinagre. Empaparon una esponja en vinagre, la sujetaron a una caña y se la acercaron a la boca. Jesús tomó el vinagre y dijo:

—Todo se ha cumplido.

Dobló la cabeza y entregó el espíritu.

"No existe amor más grande que éste: dar la vida por los amigos" (Juan 15, 13-15), había dicho Jesús. Y lo prueba sufriendo y muriendo por nosotros en la cruz. Jesús nos dejó la prueba más grande de su amor. Ahora depende de nosotros saber aprovechar este amor, renunciando a nuestra vida de pecado y tratando de empezar una nueva vida.

¡Oh desconsolada Reina, afligida Madre, desamparada Virgen! Este Padrenuestro y diez Avemarías te lo ofrecemos para que intercedas ante tu Hijo, que nos redimió con su muerte, a fin de que nuestro hermano (nuestra hermana) N. y todos aquellos que están purificándose en el purgatorio se vean aliviados por su sangre. Te lo pedimos por Jesucristo nuestro Señor. ℟. Amén.

Véase, más adelante, en la página 90 las oraciones para terminar el rosario.

Misterios Gloriosos
(Miércoles y domingo)

En el *primer misterio* meditaremos sobre: La Resurrección de Jesús.

Del Evangelio según san Mateo 28,1-7.

Pasado el sábado, al despuntar el alba del primer día de la semana, fue María Magdalena con la otra María a examinar el sepulcro.

De repente se produjo un fuerte temblor: Un ángel del Señor bajó del cielo, llegó e hizo rodar la piedra y se sentó encima. Su aspecto era como el de un relámpago y su vestido blanco como la nieve.

Los de la guardia se pusieron a temblar de miedo y quedaron como muertos.

El ángel dijo a las mujeres:

—Ustedes no teman. Sé que buscan a Jesús, el crucificado. No está aquí; ha resucitado como había dicho. Acérquense a ver el lugar donde yacía. Después vayan corriendo a anunciar a los discípulos que ha resucitado y que irá por delante a Galilea; allí lo verán. Éste es mi mensaje.

Jesús murió y resucitó. Para Él los sufrimientos y la muerte fueron el camino para llegar a la resurrección y la gloria. Lo mismo pasará con nosotros: si aceptamos las pruebas de esta vida con paciencia lograremos un día el gran progreso que todos deseamos: morir y resucitar con Cristo.

¡Oh María, alegría de los justos y consuelo de los pecadores! Este Padrenuestro y diez Avemarías te los ofrecemos en memoria de la alegría que tuviste al ver resucitado y glorioso a tu Santísimo Hijo: suplicándote, que, así como, con la resurrección de Jesús, se alegraron todos los seres creados, así merezca nuestro hermano (nuestra hermana) N. y todos los que se encuentran en el purgatorio, la resurrección eterna. Te lo pedimos por Jesucristo nuestro Señor.

℟. Amén.

En el *segundo misterio* meditaremos sobre: La Ascensión de nuestro Señor Jesucristo al cielo.

Del Evangelio según san Lucas 24, 44-53.

Después les dijo:

—Esto es lo que les decía cuando todavía estaba con ustedes: que tenía que cumplirse en mí todo lo escrito en la ley de Moisés, en los profetas y en los salmos.

Entonces les abrió la inteligencia para que comprendieran la Escritura.

Y añadió:

—Así está escrito: que el Mesías tenía que padecer y resucitar de entre los muertos al tercer día; que en su nombre se predicaría penitencia y perdón de pecados a todas las naciones, empezando por Jerusalén.

Ustedes son testigos de todo esto. Yo les enviaré lo que el Padre prometió. Por eso quédense en la ciudad hasta que sean revestidos con la fuerza que viene desde el cielo.

Después los condujo [fuera,] hacia Betania y, alzando las manos, los bendijo. Y, mientras los bendecía, se separó de ellos y fue llevado al cielo. Ellos se postraron ante él y se volvieron a Jerusalén muy contentos. Y pasaban el tiempo en el templo bendiciendo a Dios.

Subiendo al cielo, Jesús nos enseña que allá tenemos nuestra patria verdadera. Por lo tanto, nuestra única preocupación tiene que ser la de superarnos y progresar, según las enseñanzas y los ejemplos de Cristo para alcanzar la gloria del cielo.

¡Oh María, madre de Dios, llena de gozo en la subida a los cielos de tu Santísimo Hijo, en compañía de todos los que Él redimió con su gloriosa resurrección! Este Padrenuestro y diez Avemarías te los ofrecemos, suplicándote que nuestro hermano (nuestra hermana) N. y aquellos que están en el purgatorio, progresen, por tus ruegos ante Jesucristo, a la pascua Eterna. Te lo pedimos por Jesucristo nuestro Señor.

℟. Amén.

En el *tercer misterio* meditaremos sobre: el Espíritu Santo derramado sobre los Apóstoles.

Del libro de los Hechos de los Apóstoles 2,1-3.

Cuando llegó el día de Pentecostés, estaban todos reunidos. De repente vino del cielo un ruido, como de viento huracanado, que llenó toda la casa donde se alojaban. Aparecieron lenguas como de fuego, que descendieron por separado sobre cada uno de ellos.

Diez días después de subir al cielo, Jesús envió a los apóstoles el regalo del Espíritu Santo, que transformó toda su vida. Por fin lograron entender su mensaje y tuvieron la fuerza para vivirlo y anunciarlo con valentía. También nosotros, si queremos ser verdaderos cristianos, necesitamos la fuerza del Espíritu Santo, pidamos a la Virgen que interceda por nosotros y nos consiga este gran regalo.

¡Oh María, dulce esposa del Espíritu Santo! Este padrenuestro y diez Avemarías te lo ofrecemos por el gozo que tuviste cuando bajó el Divino Espíritu sobre ti y sobre todos los apóstoles, para que al ausentarse Jesús no quedáramos huérfanos, suplicamos tu intercesión para que el Espíritu de Cristo resucite a nuestro hermano (nuestra hermana) N. y a todos los que están purificando su pecado en el purgatorio. Te lo pedimos por Jesucristo nuestro Señor.

℟. Amén.

En el *cuarto misterio* meditaremos sobre: la Asunción de María al cielo.

Del Evangelio según san Lucas 1, 46-55.

María dijo:

Mi alma canta la grandeza del Señor,

mi espíritu festeja a Dios mi salvador,
porque se ha fijado en la humillación de su esclava
y en adelante me felicitarán todas las generaciones.
Porque el Poderoso ha hecho grandes cosas por mí,
su nombre es santo.
Su misericordia con sus fieles se extiende
de generación en generación.
Despliega la fuerza de su brazo,
dispersa a los soberbios en sus planes,
derriba del trono a los poderosos
y eleva a los humildes,
colma de bienes a los hambrientos
y despide vacíos a los ricos.
Socorre a Israel, su siervo,
recordando la lealtad,
prometida a nuestros antepasados,
en favor de Abrahán y su descendencia para siempre.

Después de haber terminado su periodo de vida en este mundo María fue llevada al cielo en cuerpo y alma. Se trató de un regalo especial que Jesús hizo a María, su Madre. En lugar de esperar el día de la resurrección final, Jesús quiso que pronto fuera a gozar con Él en cuerpo y alma. Así como ella se encuentra ya en la gloria en cuerpo y alma, así también nosotros esperamos estar después de la muerte. Para esto tenemos que imitar sus ejemplos.

¡Oh dichosa María, que entregaste tu espíritu en la hora de la muerte, en manos de tu Hijo Jesucristo, y después unido al cuerpo, resucitaste gloriosa!, este Padrenuestro y diez Avemarías te los ofrecemos, a fin de que intercedas ante tu Hijo Jesucristo, para que nuestro hermano (nuestra hermana) N. y los que están en el purgatorio, resuciten y lleguen a la vida verdadera. Te lo pedimos por Jesucristo nuestro Señor.
℟. Amén.

En el *quinto misterio* meditaremos sobre: La coronación de la Santísima Virgen María.

Del libro del Apocalipsis 12,1-5.
Una gran señal apareció en el cielo: una mujer revestida del sol, la luna bajo los pies y en la cabeza una corona de doce estrellas. Estaba encinta y gritaba de dolor en el trance del parto. Apareció otra señal en el cielo: un dragón rojo enorme, con siete cabezas y diez cuernos y siete turbantes en las cabezas. Con la cola arrastraba la tercera parte de los astros del cielo y los arrojaba a la tierra. El dragón estaba frente a la mujer que iba a dar a luz, dispuesto a devorar a la criatura en cuanto naciera. Dio a luz a un hijo varón, que ha de apacentar a todas las naciones con vara de hierro. El hijo fue arrebatado hacia Dios y hacia su trono.

En este mundo nadie tuvo el privilegio de estar tan cerca de Jesús como María, su Madre, también ahora en el cielo, nadie está tan cerca de Jesús como ella. Siendo la Madre de Jesús, goza de un gran poder de intercesión: todo lo que pide a Jesús en nuestro favor, siempre se lo concede. Esto es lo que estamos haciendo al rezar este santo rosario. Por eso, acudimos a María con toda confianza, sabiendo que es nuestra Reina y es también nuestra Madre.

¡Oh soberana Virgen María, Madre de Dios, que resucitada en cuerpo y alma, fuiste sublimada a la gloria y coronada por Emperatriz de los ángeles y de los hombres! Este Padrenuestro y diez Avemarías te los ofrecemos, suplicándote que el alma de nuestro hermano (nuestra hermana) N. y las demás del purgatorio merezcan por tus ruegos ser libres de las penas que padecen, para que sean coronadas de gloria, y que en compañía de tu Santísimo Hijo te amen por todos los siglos.

℞. Amén.

Oraciones para terminar el rosario

¡Oh! Soberano Santuario,
Madre del Divino Verbo,
Libra, Virgen, del infierno
a los que rezan tu Rosario.

Emperatriz Poderosa
de los Mortales Consuelo;
ábrenos, Virgen, el Cielo
con una muerte dichosa
y danos pureza de Alma
tú que eres tan Poderosa.

Por tu Limpia Concepción
¡Oh! Soberana Princesa,
una muy grande pureza
te pido de corazón,
que las almas no se pierdan
ni mueran sin confesión.

Oh Jesús mío, perdona sus pecados
Líbralo (líbrala) del fuego del infierno
lleva a todas las almas al cielo
especialmente a las más necesitadas
de tu divina misericordia. Así sea.

Señor Dios que nos dejaste las señales de tu pasión y muerte en la Sábana Santa, en la cual fue envuelto tu Cuerpo Santísimo, cuando por José fuiste bajado de la Cruz, concédenos, oh piadosísimo Señor, que por tu muerte y sepultura santa y por los dolores y angustias de tu santísima Madre y Señora Nuestra, sea llevada el alma de nuestro hermano (nuestra hermana) N. a la gloria de tu resurrección a dónde vives y reinas con Dios Padre en la unidad del Espíritu Santo y eres Dios por los siglos de los siglos. Amén.

María con solo nombrarte mi Alma recibe alegría, con la esperanza que tengo de verte en mi compañía, del Arca testamento y de la Paz alegría, con el Nombre de María empiezo el Padre Nuestro.

Las tres Avemarías

℣. Dios te salve, María santísima, hija de Dios Padre, virgen purísima y castísima antes del parto, en tus manos encomiendo mi fe para que la alumbres y el alma de nuestro hermano (nuestra hermana) N. para que la salves, llena eres de Gracia, el Señor es contigo, Bendita eres entre todas las mujeres y bendito es el fruto de tu vientre. Jesús.

℞. Santa María, Madre de Dios, ruega por nosotros, pecadores, ahora y en la hora de nuestra muerte. Amén.

℣. Dios te salve, María santísima, madre de Dios Hijo, virgen purísima y castísima en el parto, en tus manos encomiendo mi esperanza para que la alientes, y el alma de nuestro hermano (nuestra hermana) N. para que la salves, llena eres de gracia, el Señor es contigo. Bendita eres entre todas las mujeres y bendito es el fruto de tu vientre. Jesús.

℞. Santa María, Madre de Dios, ruega por nosotros, pecadores, ahora y en la hora de nuestra muerte. Amén.

℣. Dios te salve, María santísima, esposa del Espíritu Santo, virgen purísima y castísima después del parto, en tus manos encomiendo mi caridad para que la inflames, y el alma de nuestro hermano (nuestra hermana) N. para que la salves. Llena eres de gracia, el Señor es contigo, bendita eres entre todas las mujeres y bendito es el fruto de tu vientre. Jesús.

℟. Santa María, Madre de Dios, ruega por nosotros, pecadores, ahora y en la hora de nuestra muerte. Amén.

Dios te Salve, María santísima, templo, trono y sagrario de la Santísima Trinidad, Virgen concebida sin la culpa original, danos tu gracia, Señora, para con ella salvarnos y con pureza decirte:

Dios te salve, Reina
y Madre de misericordia,
vida, dulzura y esperanza nuestra;
Dios te salve.
A ti llamamos
los desterrados hijos de Eva;
a ti suspiramos, gimiendo y llorando
en este valle de lágrimas.
Ea, pues, Señora, abogada nuestra,
vuelve a nosotros esos tus ojos
misericordiosos;
y después de este destierro,
muéstranos a Jesús,
fruto bendito de tu vientre.
¡Oh, clementísima, oh piadosa,
oh dulce Virgen María!

℣. Ruega por nosotros, Santa Madre de Dios.
℟. Para que seamos dignos de alcanzar las promesas de nuestro Señor Jesucristo. Amen.

Oración
¡Oh! Dios cuyo Unigénito Hijo con su Vida, Muerte y Resurrección nos alcanzó el premio de la Vida Eterna, concédenos, a los que recordamos estos misterios del Santo Rosario, imitar lo que contienen y alcanzar lo que prometen. Por el mismo Jesucristo nuestro Señor. Amen.

Ofrecimiento

Por estos misterios santos,
de que el alma hace recuerdo,
te pedimos ¡Oh María!
con tierno y devoto pecho,
de nuestra fe sacrosanta,
la conservación y aumento.

Torna tus divinos ojos
hacia tu cristiano pueblo,
da a tu Iglesia la victoria,
y al mundo grato sosiego;
serena las tempestades
que airado descarga el cielo,
y del Pontífice Augusto,
mitiga el dolor acerbo.

Las terrenas potestades
sigan de Dios los preceptos,
porque la justicia torne
y al bien vayan sus esfuerzos.

Que a Dios el gentil conozca,
su error abjure el soberbio
que de la verdad aparta
corazón y entendimiento.

Que la culpa nos inspire
dolor profundo y perfecto,
halle puerto el navegante
y la salud el enfermo.

Las almas del purgatorio
gozosas vayan al cielo;
y haz que este santo ejercicio
tenga, ¡Oh María!, tal aumento
en todo el orbe cristiano,
que fiel adora al Dios bueno;
y que de continua alabanza
sean tus glorias objeto;
y que por tu amor merezcamos
gozar del eterno premio.

Oh Soberano Santuario,
Sagrario del Verbo Eterno,
Libra Virgen del inferno
A los que rezan tu Rosario
Emperatriz poderosa
De los mortales consuelos
Ábrenos, Señora, el Cielo
Con una muerte dichosa

℣. Recemos todos juntos El Sudario:

℟. Señor Dios, que nos dejaste las señales de tu Pasión Santísima, en la sábana santa, en la cual fue envuelto tu cuerpo santísimo cuando por José, fuiste bajado de la cruz; concédenos, ¡Oh piadosísimo Señor! Que por tu muerte y sepultura santa y por los dolores y angustias de tu Santísima Madre María, Señora nuestra, sea llevada a descansar el alma de tu siervo (sierva) N…. y todos los que están en el purgatorio, a la gloria de tu Resurrección, donde vives y reinas con Dios Padre, en la unidad del Espíritu Santo, por todos los siglos de los siglos de los siglos, Amén

Letanías

Ahora vamos a pedir a la Virgen que interceda por tu siervo (sierva) N. y por quienes se están purificando en el purgatorio, así como por los que aún vivimos; invocándola con los títulos más bellos, que durante siglos, el pueblo cristiano ha ido descubriendo en su honor. Pongámonos todos de pie para rezar la Letanía:

℣.	℟.
Señor, ten piedad de él (ella)	Señor, ten piedad de él (ella).
Cristo, ten piedad de él (ella)	Cristo, ten piedad de él (ella).
Señor, ten piedad de él (ella)	Señor, ten piedad de él (ella).
Cristo, óyenos	Cristo, óyenos.
Cristo, escúchanos	Cristo, escúchanos.
Dios Padre Celestial	Ten piedad de él (ella).
Dios Hijo, redentor del mundo	Ten piedad de él (ella).
Dios Espíritu Santo	Ten piedad de él (ella).
Santa Trinidad que eres un solo Dios	Ten piedad de él (ella).
Santa María	Ruega por él (ella).
Santa Madre de Dios	Ruega por él (ella).
Santa Virgen de las Vírgenes	Ruega por él (ella).
Madre de Jesucristo	Ruega por él (ella).
Madre de la Iglesia	Ruega por él (ella).
Madre de la Divina Gracia	Ruega por él (ella).
Madre Purísima	Ruega por él (ella).
Madre Castísima	Ruega por él (ella).
Madre Virgen	Ruega por él (ella).
Madre Inmaculada	Ruega por él (ella).
Madre Amable	Ruega por él (ella).
Madre Admirable	Ruega por él (ella).
Madre del buen Consejo	Ruega por él (ella).
Madre del Creador	Ruega por él (ella).
Madre del Salvador	Ruega por él (ella).
Virgen Prudentísima	Ruega por él (ella).
Virgen Venerable	Ruega por él (ella).
Virgen Laudable	Ruega por él (ella).
Virgen Poderosa	Ruega por él (ella).
Virgen Clemente	Ruega por él (ella).
Virgen Fiel	Ruega por él (ella).
Espejo de Justicia	Ruega por él (ella).
Trono de Sabiduría	Ruega por él (ella).
Causa de nuestra alegría	Ruega por él (ella).
Vaso Espiritual	Ruega por él (ella).
Vaso Precioso de la Gracia	Ruega por él (ella).
Vaso Insigne de Devoción	Ruega por él (ella).
Rosa Mística	Ruega por él (ella).
Torre de David	Ruega por él (ella).
Torre de Marfil	Ruega por él (ella).
Casa de Oro	Ruega por él (ella).
Arca de la Alianza	Ruega por él (ella).
Puerta del Cielo	Ruega por él (ella).
Estrella de la Mañana	Ruega por él (ella).
Salud de los Enfermos	Ruega por él (ella).

Refugio de los Pecadores ....Ruega por él (ella).

Consuelo de los Afligidos...Ruega por él (ella).

Auxilio de los Cristianos...Ruega por él (ella).

Reina de los Cristianos...Ruega por él (ella).

Reina de los Ángeles ....Ruega por él (ella).

Reina de los Patriarcas..Ruega por él (ella).

Reina de los Profetas...Ruega por él (ella).

Reina de los Apóstoles..Ruega por él (ella).

Reina de los Mártires...Ruega por él (ella).

Reina de los Confesores ....Ruega por él (ella).

Reina de las Vírgenes ....Ruega por él (ella).

Reina de todos los Santos..Ruega por él (ella).

Reina concebida
sin la culpa del pecado original ....Ruega por él (ella).

Reina llevada al cielo ....Ruega por él (ella).

Reina del Santísimo Rosario ....Ruega por él (ella).

Reina de la Paz...Ruega por él (ella).

Cordero de Dios, que quitas el pecado del mundo
   Perdónanos, Señor

Cordero de Dios, que quitas el pecado del mundo
   Óyenos, Señor

Cordero de Dios, que quitas el pecado del mundo
   Ten misericordia del él (ella).

Se le pide a un familiar cercano (esposo (a), padres, hermanos (as), etc.) que rece la siguiente oración:

Dios mío, te llevaste a la persona que más amaba en este mundo; me privaste de ella para siempre: pero si lo dispusiste de esta manera, cúmplase en todo tu santísima voluntad. El gran consuelo que me queda, es la esperanza de que le recibiste en el seno de tu misericordia y que te dignarás algún día unirnos en la eternidad de tu gloria. Si la entera satisfacción de sus pecados le detiene aún en las penas, sin que haya ido todavía a unirse contigo, yo te ofrezco, para que logre su salvación, enmendar mi mala conducta, hacer caridades a favor de los más necesitados y confesar mis pecados para comulgar el Cuerpo y la Sangre de Cristo.

¡Arbitro supremo de nuestra suerte, dueño absoluto de nuestro destino! Dispón soberanamente de nosotros y de nuestros días. No somos de nosotros mismos, sino de Ti. No has hecho sino tomar lo que te pertenecía y nos prestaste por algún tiempo. Sean benditas y adoradas las disposiciones de tu Providencia.

Esta muerte que me hace derramar tantas lágrimas debe producir en mí un efecto más sólido y saludable; ella misma me advierte que llegará mi hora que debo prepararme sin tardanza y estar dispuesto en todos los instantes de mi vida; permite ¡Oh Dios de bondad! Que cuando llegue mi último momento me encuentre en estado de poder presentarme delante de ti y de reunirme a la persona que he perdido para bendecirte y alabarte eternamente con él (ella). Amén, Jesús.

(Se repite 3 veces:)
℣. Si por tu preciosa Sangre, Señor lo (la) has redimido.
℟. Que lo (la) perdones te pido, por tu pasión dolorosa

℣. Dale Señor el descanso eterno
℟. Y brille para él (ella) la luz eterna
℣. Descanse en paz
℟. Así sea. Amén

℣. Bajo tu amparo nos acogemos, Santa Madre de Dios, no desprecies las oraciones que te hacemos en nuestras necesidades
℟. Antes bien, líbranos de todos los peligros ¡Oh Virgen gloriosa y bendita!

℣. Ruega por él (ella) y por nosotros, Santa Madre de Dios.
℟. Para que seamos dignos de alcanzar las divinas gracias y promesas de nuestro Señor Jesucristo. Amén, Jesús.

Oremos:
Señor, concede a tus hijos gozar siempre de completa salud de alma y cuerpo y por la intercesión de la gloriosa siempre Virgen María, líbranos de las tristezas de esta vida y concédenos disfrutar de las alegrías eternas, por Cristo nuestro Señor.
℟. Amén.

Conclusión

Y ahora hermanos, antes de terminar nuestro encuentro de oración a favor de nuestro hermano (nuestra hermana) N. pidamos a Dios una vez más por su eterno descanso y por las necesidades de la Iglesia y el mundo entero. A cada petición contestaremos todos:
℟. Te rogamos Señor.

Por todos nuestros amigos y parientes difuntos, para que Dios limpie completamente su alma de toda mancha de pecado y le conceda el descanso eterno. ℟.

Por todos los que están por dejar este mundo, para que se arrepientan de sus pecados y entreguen su vida a Cristo, como ofrenda agradable. ℟.

Por todos los que no conocen a Cristo, para que Dios mueva su corazón y les conceda la oportunidad de conocerlo y entregarse a Él, antes que sea demasiado tarde. ℟.

Por todos nosotros, para que estemos siempre preparados para el gran encuentro con Cristo. ℟.

Por los pastores de la Iglesia, para que prediquen con valentía y autenticidad la Palabra de Dios y así vayan despertando en los feligreses el sentido verdadero de la vida y de la muerte. ℟.

℣. Dale Señor el Descanso Eterno
℟. y luzca para él (ella) la Luz Perpetua,
℣. Descanse en paz.
℟. Así sea.

℣. De las puertas del infierno,
Libra, Señor, su alma.
Que el alma de nuestro hermano (nuestra hermana) N. y las de todos los fieles difuntos, por la misericordia de Dios, descansen en paz.
℟. Así sea.

6 CEREMONIA DE LEVANTAR LA CRUZ

Esa ceremonia se realiza el último día del novenario. Ya sea que se haya escogido hacer el novenario o los rosarios o ambos. De cualquier modo, sería la última ceremonia del noveno día.

La opción que elegimos para esta ceremonia no es única. Hay variaciones dependiendo del aspecto que se requiera destacar. Se ha optado por la siguiente por su sencillez y solemnidad al mismo tiempo.

Instrucciones:
- Se puede poner la cruz desde el primer día, o prepararla antes de empezar los rezos del último día del novenario.
- Se recomienda hacer la cruz en el suelo con tierra (también se puede hacer de cal, arena o cenizas).
- Se "arropa" la cruz con flores blancas o amarillas y, en el centro, una flor roja.
- Tener una caja de bien tamaño, forrada o pintada de negro, en que quepan las flores y las cenizas de la cruz, un listón negro o del color del santo de la devoción del difunto para amarrar la caja luego. También tener una maceta vacía para disponer de la tierra después que termine la ceremonia, unas semillas o una planta para trasplantar en la tierra de la cruz).
- Una escobilla y un recogedor para retirar la tierra y limpiar el lugar.
- Personas suficientes para que, si es posible, todos participen.
- Se colocan nueve velas blancas rodeando la cruz y cinco velas rojas, una en cada una de las cuatro puntas de la cruz y otra en el centro de la cruz.

Como la ceremonia es una prolongación de lo anterior, no hay necesidad de hacer las invocaciones de rigor, como si la asamblea acabara de reunirse. Se puede continuar con lo siguiente:

Señor Padre todopoderoso, te pedimos humildemente, que en tu infinita misericordia te apiades de nuestro hermano (nuestra hermana) N. que ha salido ya de este mundo a tu encuentro. Perdónale sus faltas y llévale a gozar de tu eterna gloria, donde vives y reinas por los siglos de los siglos.

℞. Amén.

Hermanos, con esta cruz tendida en el suelo, cubierta de flores recordamos el Santo Sudario que envolvió el cuerpo muerto del Señor Jesús. Así como esos lienzos aparecieron doblados en el sepulcro indicándonos que el Señor había vencido a la muerte, así también esperamos que nuestro hermano (nuestra hermana) **N.**, libre de todo mal, resucite en el último día.

También estas flores nos recuerdan aquellas que nuestra Madre, María de Guadalupe entregó a Juan Diego como prueba de su encargo. A ella nos encomendamos y a su regazo entregamos nuestros difuntos para que los acompañe en su camino a la patria celestial.

Rodeamos nuestra cruz con estas nueve velas blancas en recuerdo y agradecimiento a Dios por habernos permitido celebrar nuestra esperanza en la resurrección durante estos días que hoy terminan. También ponemos en los cuatro puntos de la cruz y una en el centro estas cinco velas rojas; esto nos recuerda las benditas llagas y la preciosísima sangre de Nuestro Señor Jesucristo derramada para nuestra salvación.

Recordemos que la muerte el algo provisional, que no va a durar para siempre. Llegará un día en que ya no habrá ni muerte, ni lágrimas, ni sufrimiento. Dios preparará, para todos los que hayan luchado por el amor y la justicia, una fiesta con comida abundante, un banquete de manjares sabrosos. En su presencia viviremos felices y contentos para siempre. Escuchemos al profeta Isaías.

Lectura del libro del profeta Isaías 25, 6-9.
El Señor Todopoderoso
 ofrece a todos los pueblos,
  en este monte,
  un festín de manjares suculentos,
  un festín de vinos añejados,
  manjares deliciosos,
  vinos generosos.
Arrancará en este monte
  el velo que cubre a todos los pueblos,
  el paño que tapa a todas las naciones;
  y aniquilará la muerte para siempre.
El Señor enjugará las lágrimas
  de todos los rostros
  y alejará de la tierra entera
  la humillación de su pueblo
  —lo ha dicho el Señor—.
Aquel día se dirá:
  Aquí está nuestro Dios,

de quien esperábamos
que nos salvara:
celebremos y festejemos su salvación.

℣. Palabra de Dios.
℟. Te alabamos Señor.

Ahora queremos, con este levantamiento de la cruz, darle gracias al Señor:
- por la vida, que concedió a nuestro hermano (nuestra hermana) N.; para que compartiera con nosotros su fe, su alegría, su trabajo, su vida, su amor...
- por el bautismo, por medio del cual nos ha hecho sus hijos y hermanos todos.
- por todas las cosas buenas que realizó nuestro hermano (nuestra hermana) N., mientras vivió entre nosotros.

También queremos pedir perdón:
- por las veces que hemos caído bajo el peso de la cruz y no hemos sabido levantarnos.
- porque también nosotros hacemos pesadas las cruces de los demás.

Y le ofrecemos:
- los esfuerzos que realizó nuestro hermano (nuestra hermana) **N.** para vivir del Evangelio.
- nuestra lucha de cada día para alcanzar en nuestras vidas amar a Dios en los hermanos.

Al recoger las cenizas o tierra, se va levantando desde la parte más lejos, caminando hacia el centro y se va guardando, junto con las flores, en la caja negra.

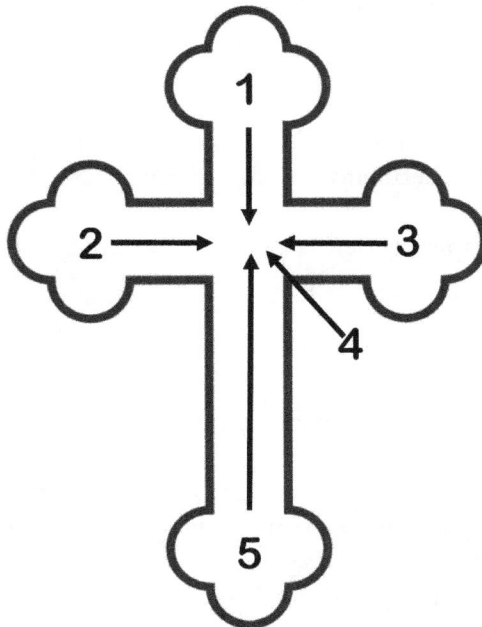

1. La Cabeza

Hermanos, pidamos a Dios perdón por los pecados que nuestro hermano (nuestra hermana) N. haya cometido al no pensar en el bien de los demás; y nosotros no olvidemos que el orgullo y la soberbia pueden secar para siempre nuestras vidas.

Señor Jesús, tu sabes cómo es difícil poder alcanzar la sencillez y la humildad que nos enseñaste mediante tu palabra y ejemplo. Tú sabes cómo nuestra mente se deja guiar siempre por el orgullo y la soberbia, y como nos resulta difícil someternos a los demás. Te pedimos de todo corazón que perdones todos los pecados de orgullo y soberbia que haya cometido nuestro hermano (nuestra hermana) N. y le concedas poder entrar pronto en la gloria.

Te lo pedimos, confiando no en nuestros méritos sino en la sangre que derramaste en la cruz mediante la corona de espinas que te hizo sufrir tanto.

Ahora, mientras se levanta esta parte de la cruz, que corresponde a la cabeza, cantamos.

2. Las Manos (números 2 y 3)

Hermanos pidamos a Dios perdón por los pecados que con sus brazos y manos haya cometido nuestro hermano (nuestra hermana) N.; y que a nosotros no se nos olvide que nuestras manos deben ser y estar siempre produciendo apoyos solidarios, brindando ayuda a los más necesitados y tomando la mano de otros para vivir en unidad y fortaleza.

Señor Jesús, bendito sea por siempre tu santo nombre por el gran amor que has manifestado hacia nosotros, sufriendo tanto en la cruz. Tus manos, que tanto bien habían hecho sanando a los enfermos y perdonando a los pecadores, fueron traspasadas por los clavos, para pagar todos los pecados que nosotros hemos cometido usando mal nuestras manos, o no cumpliendo con nuestro deber.

Perdónanos, Señor y perdona de una manera especial los pecados que mediante las manos cometió nuestro hermano (nuestra hermana) N.

Cantamos nuestra esperanza en la resurrección, mientras se levantan las manos de eta cruz.

3. El corazón (número 4)

«De la abundancia del corazón habla la boca». Así nos lo advirtió el Señor, pero muchas veces nos dejamos llevar por los chismes, los odios, rencores y mentiras. Invoquemos la misericordia del Dios nuestro Padre a favor de nuestro hermano (nuestra hermana) N. y que a nosotros no se nos olvide corregir nuestras faltas que han levantado barreras frente a nuestros hermanos.

Del corazón de Jesús atravesado por la lanza salió sangre y agua que nos lavaron del pecado y dieron origen a los sacramentos, ahora nosotros, viendo su corazón abierto de Jesús, comprendemos que nos amó hasta el extremo, pero sentimos una gran tristeza en porque nos queda tanto por amar.

Oh Señor, ayúdanos a tener un gran amor por todos nuestros hermanos y a saber perdonarnos por nuestros malos corazones. Aleja de nosotros nuestras envidias, los odios, los rencores. Ayúdanos a no volver a caer en el pecado.

Te pedimos ahora por el eterno descanso de nuestro hermano (nuestra hermana) N. para que le perdones, todos los pecados que cometió en su corazón y le concedas poder contemplar la gloria de tu rostro.

Acompañemos este momento en que se levanta el centro de la cruz participando todos con el canto.

4. Los pies (numero 5)

Sabemos, Señor, que es dichoso el hombre que no acude a la reunión de los malvados ni se detiene en el camino de los pecadores; pero aun así nos alejamos de ti.

Te vemos andando por los caminos para anunciar la bondad de Dios de pueblo en pueblo, pero al final, por nuestros pecados, tus pies están clavados en la cruz.

Perdónanos, Señor Jesús, todas las veces que, en lugar de seguirte, hemos preferido ir detrás de falsos maestros. Sabemos que sólo tú tienes palabras de vida eterna, pero por no renunciar a lo que nos aleja de ti, hemos perdido nuestro rumbo y sufrimos inútilmente. Te pedimos que nos perdones por todo esto y nos concedas más fuerza para ser tus verdaderos discípulos, escuchando tu palabra y poniéndola en práctica.

También te pedimos a favor de nuestro hermano (nuestra hermana) N. que ha dejado este mundo, te pueda alcanzar pronto en la gloria celestial, donde vives y reinas con el Padre y el Espíritu de amor, por los siglos de los siglos. Amén.

Mientras se recogen los pies de esta cruz, cantamos.

Al terminar de recoger la cruz

Ahora ya no queda rastro de la cruz que habíamos tendido. Cristo venció. La muerte no tiene ya dominio sobre él. Su victoria es nuestra, porque allí donde él se encuentra como cabeza, esperamos llegar nosotros, que somos sus miembros. Ya la cruz la cruz de nuestro hermano (nuestra hermana) N. no está tendida, está de pie, está triunfante.

Mientras se prepara la tierra que se usó para la cruz y se deposita en una maceta en la que se plantará una semilla o se pondrá la planta

La vida de nuestro hermano (nuestra hermana) N. no termina en su muerte sino porque Dios nuestro Padre nos ha adoptado a todos como hijos suyos mediante nuestro bautismo. Reconociéndonos hermanos e hijos de un mismo Padre, oremos juntos con las mismas palabras que nos enseñó nuestro Señor, Jesucristo. Padre nuestro...

Mientras se reza el padrenuestro, se planta la semilla y se riega

El Señor lo ha dicho: «Si el grano de trigo caído en tierra no muere, queda solo; pero si muere, da mucho fruto». Así como nosotros, con su muerte hemos tenido la vida eterna, que la muerte de nuestro hermano (nuestra hermana) N. nos ayude a ver la esperanza de nuestra propia resurrección y mientras nos llegue el momento de reunirnos con él (ella) en la gloria del cielo, caminemos por este mundo tratando siempre de conocer cuál es la voluntad de Dios para nosotros, lo bueno, lo que le agrada, lo perfecto.

Nuestra oración no termina aquí. En la esperanza de esta pequeña planta empieza a crecer, así se desarrolle nuestra fraternidad. Que el recuerdo de nuestros difuntos nos lleve a vivir una vida digna de la vocación a la que hemos sido llamados, y manifestemos ante el mundo la dignidad gloriosa de los hijos de Dios.

Terminemos nuestra oración cantando.

7 RESPONSOS PARA UNA VISITA AL CEMENTERIO

Una visita al cementerio se puede realizar en cualquier momento. La mayoría de las veces suele ocurrir que acudimos al cementerio por la ocasión del entierro de un ser querido y, de paso, aprovechamos para visitar las otras tumbas. Otras veces la visita está motivada con ocasión del novenario o del aniversario de alguien fallecido, o bien, también con ocasión del 2 de noviembre. Cual sea la razón, proponemos unas oraciones para rezarse en ocasión de la visita al cementerio.

Antífona

¡Dichosos los que han muerto en el Señor! Que descansen de sus fatigas ya que sus obras los acompañan.

Pidamos por nuestro hermano (nuestra hermana) a Jesucristo que ha dicho: «Yo soy la resurrección y la vida; el que cree en mí, aunque haya muerto, vivirá, y el que está vivo y cree en mí no morirá para siempre».

℣. Tú, que resucitaste a los muertos, concede la vida eterna a nuestro hermano (nuestra hermana).

℞. Te lo pedimos, Señor.

℣. Tú, que desde la Cruz prometiste el paraíso al buen ladrón, acoge a nuestro hermano (nuestra hermana) N. en tu reino.

℞. Te lo pedimos, Señor.

℣. Tú, que experimentaste el dolor de la muerte y resucitaste gloriosamente del sepulcro, concede a nuestro hermano (nuestra hermana) la vida feliz de la resurrección

℞. Te lo pedimos, Señor.

℣. Tú, que lloraste ante la tumba de tu amigo Lázaro, dígnate enjugar las lágrimas de quienes lloramos la muerte de nuestro hermano (nuestra hermana).

℞. Te lo pedimos, Señor.

Oración

Señor, nuestra vida es corta y frágil; la muerte que contemplamos hoy nos lo recuerda. Pero tú vives eternamente, y tu amor es más fuerte que la muerte. Llenos, pues, de confianza, ponemos en tus manos a nuestro hermano (nuestra hermana) N que acaba de dejarnos. Perdónale sus faltas y acógelo (acógela) en tu reino, para que viva feliz en tu presencia por los siglos de los siglos.

℞. Amén.

Unidos en una misma oración invoquemos a los santos, que en la gloria gozan de la comunión celestial, para que reciban el alma de nuestro hermano (nuestra hermana) N. en el gozo eterno.

Cristo, óyenos.	Cristo, óyenos.
Cristo, escúchanos.	Cristo, escúchanos.
Santa María Madre de Dios	Ruega por él (ella).
Santos ángeles de Dios.	Rueguen por él (ella).
San José.	Ruega por él (ella).
San Juan Bautista.	Ruega por él (ella).
Santos Pedro y Pablo.	Rueguen por él (ella).
San Esteban.	Ruega por él (ella).
San Agustín.	Ruega por él (ella).
San Gregorio.	Ruega por él (ella).
San Benito.	Ruega por él (ella).
San Francisco.	Ruega por él (ella).
Santo Domingo.	Ruega por él (ella).
San Francisco Javier.	Ruega por él (ella).
Santa Teresa de Jesús.	Ruega por él (ella).
Santa Mónica.	Ruega por él (ella).
Santos y santas de Dios.	Rueguen por él (ella).

Invoquemos ahora a Dios, nuestro Padre que nos ha dado la vida en Cristo, vencedor del sepulcro y hagamos memoria de sus misterios salvadores, con los que arrancó a los hombres del poder de la muerte:

℣. Tú que libraste a tu pueblo de la esclavitud de Egipto.
℞. Recibe a nuestro hermano (nuestra hermana) en el Paraíso.

℣. Tú que abriste el mar Rojo ante los Israelitas que caminaban hacia la libertad prometida. ℞.

℣. Tú que fuiste santuario y dominio de Israel durante su peregrinación por el desierto. ℞.

℣. Tú que transformaste las peñas del desierto en manantiales de agua viva. ℞.

℣. Tú que diste a tu pueblo la posesión de una tierra que manaba leche y miel. ℞.

℣. Tú que quisiste que tu Hijo llevara a realidad la antigua Pascua de Israel. ℞.

℣. Tú que, por la muerte de Jesús, iluminas las tinieblas de nuestra muerte. ℞.

℣. Tú que en la Resurrección de Jesucristo, has inaugurado la vida nueva de los que han muerto. ℞.

℣. Tú que en la Ascensión de Jesucristo, has querido que tu pueblo vislumbrara su entrada en la tierra de promisión definitiva. ℞.

℣. Tú que eres auxilio y escudo de cuantos confían en Ti. ℟.

℣. Tú que no quieres que alaben tu nombre los muertos ni los que bajan al silencio. ℟.

Oremos.

Señor y Redentor nuestro, que te entregaste a la muerte para que todos los hombres se salven y pasen de la muerte a la vida, mira con bondad a tus siervos que, afligidos por la muerte de N. acuden confiados a ti.

Tú, Señor, que eres el único santo y el único infinitamente misericordioso, que, con tu muerte has abierto a los creyentes las puertas de la vida, perdona a nuestro hermano (nuestra hermana) N. todos sus pecados; y no permitas, Rey eterno, que quien en el bautismo fue incorporado (incorporada) a tu Iglesia se vea ahora alejado (alejada) de ti; por tus méritos gloriosos, concédele el lugar de la luz, de la felicidad y de la paz. Tú que vives y reinas por los siglos de los siglos. Amen.

Lectura de la primera carta del apóstol san Pablo a los corintios 15, 35-58

Hermanos, alguno se preguntará: ¿Cómo resucitan los muertos?, ¿con qué cuerpo salen? ¡Necio! Lo que tú siembras no llega a tener vida si antes no muere. Lo que siembras no es la planta tal como va a brotar, sino un grano desnudo, de trigo o de lo que sea; y Dios le da el cuerpo que quiere, a cada simiente su cuerpo.

No todos los cuerpos son iguales. Una es la carne del hombre, otra la de las reses, otra la de las aves, otra la de los peces. Hay cuerpos celestes y cuerpos terrestres. Uno es el resplandor de los celestes y otro el de los terrestres. Uno es el resplandor del sol, otro el de la luna, otro el de los astros; un astro se distingue de otro en resplandor. Así pasa con la resurrección de los muertos: se siembra corruptible, resucita incorruptible; se siembra miserable, resucita glorioso; se siembra débil, resucita poderoso; se siembra un cuerpo natural, resucita un cuerpo espiritual.

Si existe un cuerpo natural, existe también un cuerpo espiritual.

Así está escrito: el primer hombre, Adán, se convirtió en un ser vivo; el último Adán se hizo un espíritu que da vida.

No fue primero el espiritual, sino el natural, y después el espiritual. El primer hombre procede de la tierra y es terreno, el segundo hombre procede del cielo. El hombre terrenal es modelo de los hombres terrenales; como es el celeste modelo de los hombres celestes.

Así como hemos llevado la imagen del hombre terrestre, llevaremos también la imagen del celeste.

Hermanos, les digo que la carne y la sangre no pueden heredar el reino de Dios, ni la corrupción heredará lo que es incorruptible. Les voy a comunicar un secreto: no todos moriremos, pero todos seremos transformados. En un instante, en un abrir y cerrar de ojos, al último toque de trompeta que tocará, los muertos resucitarán incorruptibles y nosotros seremos transformados.

Esto corruptible tiene que revestirse de incorruptibilidad y lo mortal tiene que revestirse de inmortalidad. Cuando lo corruptible se revista de incorruptibilidad y lo mortal de inmortalidad, se cumplirá lo escrito:

La muerte
ha sido vencida definitivamente.
¿Dónde está, oh muerte, tu victoria?
¿Dónde está, oh muerte, tu aguijón?
El aguijón de la muerte es el pecado, el poder del pecado es la ley.

Gracias sean dadas a Dios, que nos da la victoria por medio de nuestro Señor Jesucristo.

En conclusión, queridos hermanos, permanezcan firmes, inconmovibles, progresando siempre en la obra del Señor, convencidos de que sus esfuerzos por el Señor no serán inútiles.

℣. Palabra de Dios.

Oremos

A tus manos, Padre de bondad, encomendamos el alma de nuestro/ a hermano/ a, con la firme esperanza de que resucitará en el último día, con todos los que han muerto en Cristo. Te damos gracias por todos los dones con que le enriqueciste a lo largo de su vida; en ellos reconocemos un signo de amor y de la comunión de los santos. Dios de misericordia, acoge las oraciones que te presentamos por este hermano nuestro (esta hermana nuestra) y ábrele las puertas de tu mansión. Y a sus familiares y amigos, y a todos nosotros, los que hemos quedado en este mundo, concédenos consolarnos con palabras de fe, hasta que también nos llegue el momento de volver a reunirnos con él (ella), junto a ti, en el gozo de tu reino eterno. Por Jesucristo, nuestro Señor.

℣. No te acuerdes, Señor de mis pecados.
℟. Cuando vengas a juzgar al mundo por medio del fuego.
℣. Señor, Dios mío, dirige mis pasos en tu presencia.
℟. Cuando vengas a juzgar al mundo por medio del fuego.
℣. Concédele, Señor, el descanso eterno, y que le alumbre la luz eterna.
℟. Cuando vengas a juzgar al mundo por medio del fuego.

℣. Señor, ten piedad.
℟. Señor, ten piedad.
℣. Cristo, ten piedad
℟. Cristo, ten piedad
℣. Señor, ten piedad.
℟. Señor, ten piedad.
Padre Nuestro...
℣. Libra Señor su alma.
℟. De las penas del infierno.
℣. Descanse en paz.
℟. Amén
℣. Señor, escucha mi oración.
℟. Y llegue a ti mi clamor.

Oración:

Te rogamos, Señor, que tu misericordia se apiade de todos nuestros familiares, parientes, amigos y bienhechores difuntos que han salido de este mundo antes que nosotros para que les libre de toda atadura del pecado y les concedas vivir en la gloria de la resurrección, entre tus santos y elegidos. Por Cristo nuestro Señor.

℟. Amén.

℣. Concédele, Señor, el descanso eterno.

℟. Y brille para ella la luz eterna.

℣. Descanse en paz.

℟. Amén.

℣. Su alma y la de todos los fieles difuntos descansen en paz, por la misericordia del Señor.

℟. Amén.

8 CANTOS PARA LAS CELEBRACIONES POR LOS DIFUNTOS

Hemos seleccionado algunos cantos que pueden acompañar el novenario, el rezo del rosario o cualquier otro momento en las celebraciones por nuestros difuntos. Como muchas veces es difícil acompañar un libro con un disco compacto y porque la tecnología cada día avanza y se populariza más, al lado de cada canto hay un código QR con la dirección de internet en donde encontrará un audio o video con la canción. Puede conseguir gratis un lector de código QR en la tienda de aplicaciones correspondiente al sistema operativo de su teléfono inteligente.

Se indica en negrilla el título del canto y en cursiva, el nombre del autor. También en cursiva está la parte del estribillo de la canción.

1. Las puertas de la Nueva Ciudad - *Carmelo Erdozáin*

Las puertas de la nueva ciudad se abren para ti.
Las puertas de la nueva ciudad se abren para ti.
Y Dios, tu amigo, te salvará, te salvará.

Verás el nuevo día, el nuevo Sol.
Verás la nueva vida: Resurrección,
La gran noticia: Dios es amor, Dios es amor.

Venimos en familia junto al altar;
el pan que resucita Dios nos lo da;
el pan de vida nos mantendrá en su amistad.

2. Letanía por el difunto - *Cesáreo Gabaráin*

℣. Recibe a tu siervo en el paraíso
℟. *Recibe a tu siervo en el paraíso.*

℣. Tú que libraste a tu pueblo de la esclavitud de Egipto:

℟. *Recibe a tu siervo en el paraíso.*

℣. Tú que abriste el mar Rojo ante los israelitas que caminaban hacia la libertad prometida.

℟. *Recibe a tu siervo en el paraíso.*

3. Como busca la cierva herida - *Carmelo Erdozáin*

Como busca la cierva herida, las fuentes de las montañas,
Como vuela la blanca paloma, y se acurruca en su nido.
Así mi alma busca al Señor mi Dios.
Como duerme el recién nacido, en los brazos de su madre,
Como Cristo clavado al madero, se ofrece a su Padre.
Así mi alma siempre confía en Dios.

Necesito el calor de tu casa
Necesito Señor tu mirada,
Necesito Señor tu esperanza.
Porque sé que madrugas al alba,
Porque sé que alimentas mi lámpara,
Porque veo en tu cruz que me amas.
Oh Señor, ven junto a mí Señor.
Oh Señor, ven junto a mí Señor.

Que al morir yo me encuentre a tu lado, sea yo tu invitado,
Que al morir cuides tú de mi llanto, y descanse en tus brazos.
Mi Dios amigo, eres mi buen Pastor.

Porque sé que madrugas al alba,
Porque sé que alimentas mi lámpara,
Porque eres Señor mi esperanza.
Me pondrás oh Señor a tu mesa,
Me darás tu vestido de fiesta,
Me dirás que tu Pascua es Eterna.
Oh Señor, eres mi buen Pastor.
Oh Señor, eres mi Salvador.
Oh Señor, eres mi buen Pastor.
Oh Señor, eres mi Salvador.

4. Dichosos los que mueren en el Señor - *Cesáreo Gabaráin*

Dichosos los que mueren en el Señor.

Cuando Israel salió de Egipto
los hijos de Jacob de un pueblo balbuciente,

Judá fue su santuario
Israel fue su dominio
El mar al verlos huyo,
el Jordán se echó atrás,
los montes saltaron como carneros,
las colinas, como corderos

5. A tus manos encomiendo mi espíritu - *Carmelo Erdozáin*

A tus manos, Señor, Señor mi Dios, encomiendo mi espíritu.
A tus manos, Señor mi Dios, encomiendo mi espíritu. (Bis)

Mi alma esta sedienta de ti, sedienta de ti
Como tierra del desierto sin lluvia
Como pájaro sin nido, como niño sin madre
Así mi alma se despierta y pregunta por ti.

Rompe mis cadenas, Señor, mira mi dolor
Que tu mano me llene de alegría
Que me mire tu mirada, que me quemen tus palabras
Señor, renuévame por dentro, amanece sobre mí

Mi alma aguarda al Señor, madruga por su amor
En las luchas Dios me hace compañía
Él atiende mis heridas y Levanta mi vida
Señor, me lleno de justicia cuando estoy junto a ti.

Oh Señor…

6. El auxilio me viene del Señor - *Miguel Manzano*

Levanto mis ojos a los montes:
¿de dónde me vendrá el auxilio?
El auxilio me viene del Señor,
que hizo el cielo y la tierra.

No permitirá que resbale tu pie,
tu guardián no duerme;
no duerme ni reposa
el guardián de Israel.

El Señor te guarda a su sombra,
está a tu derecha;
de día el sol no te hará daño,
ni la luna de noche.

El Señor te guarda de todo mal,
el Señor guarda tu alma;
el guarda tus entradas y salidas,
ahora y por siempre.

7. Desde lo hondo (salmo 129) - *Miguel Manzano*

Desde lo hondo a Ti grito, Señor;
Señor, escucha mi voz;
estén tus oídos atentos
a la voz de mi súplica.

Mi alma espera en el Señor,
mi alma espera en su palabra;
mi alma aguarda al Señor
porque en Él está la salvación.

Si llevas cuenta de los delitos, Señor,
¿quién podrá resistir?
Pero de Ti procede el perdón,
y así infundes respeto.

Mi alma aguarda al Señor
más que el centinela la aurora.
Aguarde Israel al Señor
como el centinela la aurora.

Porque del Señor viene la misericordia
y la redención copiosa;
y Él redimirá a Israel
de todos sus delitos.

8. Si vivimos, vivimos para Él - *Carmelo Erdozáin*

Si vivimos, vivimos para Dios,
si morimos, morimos para Dios,
en la vida y en la muerte somos de Dios.

Nuestras vidas son del Señor,
en sus manos descansarán,
El que cree y vive en El no morirá.

Con Cristo viviré, con Cristo moriré,
llevando en el cuerpo la Muerte del Señor,
llevando en el alma la vida del Señor.

9. Con amor te presento, Señor - *Carmelo Erdozáin*

Con amor te presento, Señor,
Lo mejor de mi vida,
Te presento, Señor, mi amistad.
Con amor te presento, Señor,
Para ser mi manjar:
La viña, el racimo, el trigal,
El pan de mi hogar.
Te presento con amor.

Con mis manos abiertas a Ti,
Contemplando tu lámpara,
Te presento, Señor, mi esperanza.
Hacia Ti se dirige mi barca,
Hacia el cielo se va;
Es largo el camino, el remar.
Ruta pascual, Dios me guía al caminar.

Con mi ofrenda también yo te doy
Lo mejor de mis lágrimas:
Te presento, Señor, mi dolor,
Te presento, Señor, mi oración;
Ofertorio de amor;
El grano enterrado ya es flor,
La espiga, oblación,
La semilla redención.

10. Cristo es nuestra paz - *Carmelo Erdozáin*

Cristo es nuestra paz
Cristo es nuestra paz
Hermanos, demos la paz,
Hermanos, paz y amistad
Cristo es nuestra paz la paz es Cristo
Cristo es nuestra paz Oh Cristo
Hermanos, demos la paz, demos la paz
Hermanos, paz y amistad

Cristo es nuestra paz
Cristo es nuestra paz
Hermanos, demos la paz,
Hermanos, paz y amistad

11. Yo soy el Pan de Vida - *Suzanne Toolan, RSM*

Yo soy el pan de vida,
el que viene a mí no tendrá hambre,
el que cree en mí no tendrá sed.
Nadie viene a mí si mi Padre no le atrae.

Yo le resucitaré, yo le resucitaré,
Yo le resucitaré en el día final (Bis)

El pan que yo daré,
es mi cuerpo, vida para el mundo,
el que siempre coma de mi carne vivirá en mí.
como yo vivo en mi Padre.

Yo soy esa alegría,
que se prueba y no se siente sed,
el que siempre beba de mi sangre
vivirá en mí y tendrá la vida eterna.

Sí, mi Señor, yo creo
que has venido al mundo a redimimos,
que tú eres el Hijo de Dios y que estas aquí
alentando nuestras vidas.

12. Las Bienaventuranzas - *Cesáreo Gabaráin*

Los que a la pobreza se abrazan,
de los cielos han de gozar.

Cerca del Señor, por una eternidad,
bienaventurados serán.

Los que sean mansos y humildes
poseer la tierra podrán.

Todos los que gimen y lloran
luego consolados serán.

Quien tenga hambre y sed de justicia
su hambre y sed saciadas verá.

Los de corazón compasivo,
compasión en Dios hallarán.

Los que el corazón tengan limpio
cara a cara a Dios han de ver.

Los que siembran paz a su paso
de Dios hijos se llamarán.

De los perseguidos sin causa
el reino del cielo será.

13. Cristo es la Resurrección - *Carmelo Erdozáin*

Cristo es la resurrección, es la esperanza, el amor
Cristo es la paz, es camino y verdad. Él es la vida

Nos sintamos invitados a la mesa del Señor
Compartamos como hermanos el pan de comunión
El cáliz del amor.

El que come de este pan verá la eternidad
El que bebe de este cáliz verá la salvación
Será hijo de Dios.

Nuestras vidas son caminos que van a la eternidad
Nuestras muertes son un paso que acerca a la verdad
Y todos los han de dar.

El que cree en su palabra recibe la verdad
El que sigue su camino camina a la cuidad
Ciudad de eternidad.

14. Morimos para vivir - *Cesáreo Gabaráin*

Dicen que nacemos para morir.
Pero en ti creemos, Señor,
y sabemos que morimos
para vivir, para vivir.

Yo no quiero que mi muerte
sea un naufragio.
Quiero, Padre, llegar
al puerto de tus brazos.

Como la madre abraza al hijo
que se ha dormido,
nos acoges y nos abrazas

a tus hijos.

15. A la hora de nona - *Carmelo Erdozáin*

A la hora de nona, a la hora de nona,
El Señor se inmoló en la cruz (en la cruz)
Con los brazos abiertos, el martillo en el cuerpo,
El Señor se ofreció en la cruz
Con los brazos abiertos de dolor (de dolor, de dolor)
A la hora de nona exclamó (el Señor exclamó)
A tus manos, oh Padre,
a tus manos oh Padre, encomiendo mi espíritu
encomiendo mis gentes en el misterio de mi dolor
Encomiendo mi vida con mi martillo redentor
(Te lo ofrezco, Señor) Te lo ofrezco, Señor
(Te lo ofrezco, Señor) Te lo ofrezco, Señor

Al caer de la tarde al Señor de los cielos
En silencio le enterraron con dolor (con dolor)
En la tumba del huerto el sepulcro era nuevo
Y la tierra en su seno lo abrazó
Pero el grano enterrado floreció (floreció, floreció)
Y el lucero del día se encendió (se encendió, se encendió)
Y salió del sepulcro renació la esperanza en el día de pascua
Celebremos la Alianza porque el Señor resucitó
Celebremos la Pascua porque el Señor nos redimió
(Vive Cristo el Señor) Vive Cristo el Señor
(Vive Cristo el Señor) Vive Cristo el Señor

Ha vencido a la muerte, vive Cristo mi Señor (mi Señor)
Ha triunfado la vida, viviré para mi Dios.
Amén, Amén, Amén. Amén
Aleluya, Aleluya, Aleluya

16. Concédele, Señor, el descanso eterno - *Cesáreo Gabaráin*

Concédele, Señor, el descanso eterno.

Llévale a la luz eterna
y ábrele las puertas del cielo.

Concédele la paz y la vida,
y quede vencida la muerte.

Gloria al Padre y al Hijo,

y gloria al Espíritu Santo.

17. Que los ángeles te lleven - *Cesáreo Gabaráin*

Que los ángeles te lleven al paraíso,
que los santos te reciban en el cielo.

Que Cristo te acoja y te reciba
junto a sus amigos.

Que el Señor te conceda el descanso
y la luz eterna.

Que puedas alegrarte eternamente
en la paz de Dios.

Si morimos en Cristo,
viviremos en El.

18. Creo que Cristo vive - *Carmelo Erdozáin*

Creo que cristo vive y que al final podré resucitar;
Llevo esta esperanza: junto al señor ¡podré resucitar!

Veré al Señor, mis propios ojos lo verán;
Contemplaré la nueva patria celestial,
en paz, en paz descansarás. (2)

Nuestro adiós, recibe nuestro adiós;
En paz, en paz descansarás. (2)

19. Dale el descanso, Señor - *Carmelo Erdozáin*

Dale el descanso, Señor; dale el descanso;
Abre tus brazos de amor, tu salvación.

Te reciban los ángeles en su ciudad:
Te reciban los mártires en su amistad.

Que se apaguen las lágrimas en nuestro hogar
Porque existe otra vida. Dios nos la da.

Cuando llegue la tarde cerca está ya
Que tu llama ilumine la eternidad.

20. El descanso eterno - *Cesáreo Gabaráin*

Te pedimos les concedas tu paz,
la luz de tu misericordia
y el descanso eterno.

No mires, Señor, sus pecados,
en tu inmensa bondad
ten misericordia

Absuélveles de todas sus culpas,
el auxilio de tu gracia
evite su condena.

Acuérdate de todos nuestros hermanos,
en tu compasión líbrales de las tinieblas.
Admíteles a contemplar tu rostro,
y gozar para siempre de tu gloria.

21. Vive con Cristo - *Cesáreo Gabaráin*

Vive con Cristo, entra en su gozo,
y por su muerte canta victoria
y por su muerte canta victoria

La Virgen María y todos los santos
te salgan al encuentro en el paraíso.

Dichoso quien se salva y entra en la vida.
Nosotros caminamos en la esperanza.

Formando un solo pueblo, Iglesia peregrina,
nos tienes a tu lado, vamos contigo.

22. La muerte no es el final - *Cesáreo Gabaráin*

Tú nos dijiste que la muerte
no es el final del camino,
que aunque morimos no somos,
carne de un ciego destino.
Tú nos hiciste, tuyos somos,
nuestro destino es vivir,
siendo felices contigo,
sin padecer ni morir.

Cuando la pena nos alcanza
por un hermano perdido,
cuando el adiós dolorido
busca en la fe su esperanza.
en tu palabra confiamos
con la certeza que Tú
ya lo has devuelto a la vida,
ya lo has llevado a la luz.

Cuando, Señor, resucitaste,
todos vencimos contigo
nos regalaste la vida,
como en Betania al amigo.
Si caminamos a tu lado,
no va a faltarnos tu amor,
porque muriendo vivimos
vida más clara y mejor.

23. En los brazos de Dios - *Cesáreo Gabaráin*

En los brazos de Dios te dejamos.
En los brazos de Dios.
En los brazos de Dios.

Confiados en su amor,
nos despedimos de ti.

Con María y todos los santos,
vivas por siempre con Él.

Que tu carne resucitada
palpite de vida en Él.

24. Despidamos al hermano - *Carmelo Erdozáin*

Despidamos todos juntos al hermano
y elevemos en su honor una oración.
Despidamos todos juntos al hermano
y entonemos la victoria del Señor.
Entonemos la victoria

Cristo te de la vida
y te reciba en su amistad.
Cristo te de la vida
y te reciba en su amistad. (Bis)

Tu familia y amistades hoy presentes
te desean que descanses junto a Dios.
Tu familia y amistades hoy presentes
te despiden y te cantan el adiós.
Hasta pronto, hasta el cielo

25. Al atardecer de la vida - *Cesáreo Gabaráin*

Al atardecer de la vida
me examinarán del amor. (Bis)

Si ofrecí mi pan al hambriento,
si al sediento di de beber,
si mis manos fueron sus manos,
si en mi hogar le quise acoger.

Si ayudé a los necesitados,
si en el pobre he visto al Señor,
si los tristes y los enfermos
me encontraron en su dolor.

Aunque hablara miles de lenguas,
si no tengo amor nada soy,
aunque realizara milagros,
si no tengo amor nada soy.

Venid, benditos de mi Padre,
tuve hambre y me disteis de comer
estaba solo y me acompañaste
estaba triste y me alegrasteis
estaba feliz y sonreísteis conmigo.
Venid, benditos de mi Padre.

26. Hacia ti, morada santa - *Kiko Argüello*

Hacia Ti, morada santa,
hacia ti, tierra del Salvador,
peregrinos, caminantes,
vamos hacia Ti.

Venimos a tu mesa,
sellaremos tu pacto,
comeremos tu carne,
Tu sangre nos limpiará.
Reinaremos contigo,

en tu morada santa,
beberemos tu sangre,
Tu fe nos salvará.

Somos Tu pueblo santo,
que hoy camina unido,
Tú vas entre nosotros,
Tu amor nos guiará.
Tú eres el camino,
Tú eres la esperanza,
hermano de los pobres.
Amén. Aleluya.

27. Dichosos los que mueren en el Señor (Salmo 129) - *Francisco Palazón*

*Dichosos los que mueren
en el Señor.*

Desde lo hondo a Ti grito, Señor,
Señor escucha mi voz;
estén tus oídos atentos,
a la voz de mi plegaria.

Si llevas cuenta de los delitos, Señor,
¿quién podrá resistir?
pero en Ti reside la misericordia,
la redención copiosa.

Mi alma espera en el Señor,
mi alma confía en su palabra,
mi alma aguarda al Señor,
más que el centinela la aurora.

RAMON PONS

9 OTRAS DEVOCIONES POPULARES

La manera en como se ha expresado nuestra relación con los difuntos no sólo varía a través del tiempo, sino que es también distinta en cada lugar. Es un tema inagotable. En las páginas que siguen a continuación se encuentran reflexiones, antiguas y nuevas, que nos ayudan a acercarnos a esta realidad.

Decálogo para no olvidar a los que nunca se olvidaron

1. Reza todos los días por aquellos que te han precedido en el camino de la vida. Lo que eres y, tal vez lo que tienes, se lo debes a ellos. ¿Rezas por los que te aguardan al final de tu camino?

2. Saborea, siempre que puedas, la paz o la calma de un camposanto. Te ayudará a relativizar el excesivo aprecio por lo superficial y, sobre todo, te educará a vivir apuntando a lo necesario. ¿Vives con sentido de trascendencia?

3. Trata a tus difuntos con respeto. Si incineras, guarda sus cenizas en el lugar que les corresponde: el camposanto. ¿Por qué elevamos monumentos a las mascotas y, en cambio, lanzamos sin escrúpulo alguno, en el mar o en el monte los restos de nuestros seres queridos? ¿Tal vez porque en el fondo nos estorban? ¿Tal vez porque no queremos obligaciones de llevar flores, derramar lágrimas o rezar oraciones?

4. No olvides que, la Misa, es sufragio -por la Pasión, Muerte y Resurrección de Cristo- por los fieles difuntos. Una misa, además de valor infinito, es ofrenda y es comunión, es súplica por aquellos que necesitan un último empujón para el encuentro con el Padre. ¿Encargas el "regalo" de una misa, de vez en cuando, a tus difuntos?

5. Guarda las formas debidas cuando, la muerte de un ser querido, llame a tu puerta. Ni lo de antes (todo de negro) ni lo de ahora...todos bailando al día siguiente del funeral. En el término medio la virtud. Y la muerte, es muerte, aunque queramos adornarla de blanco.

6. En el cumpleaños o en el día del fallecimiento de un familiar, la mejor forma de felicitarle es nuestra presencia en la comunidad cristiana. ¿Por qué tan poca pereza para cualquier evento y tanto freno para recordar, rezar y honrar a nuestros difuntos con una misa?

7. El camposanto, entre otras cosas, es ciudad de los que duermen con la esperanza de resucitar. La cruz, una imagen de María o de los Santos nos sugieren que, detrás de una losa, hay unos labios que profesaron la fe en Cristo hasta el último día. No dejemos que la secularización lo invada todo. ¿Cuidas los signos visibles de tu ser cristiano?

8. Guarda de los que te han precedido aquello que te legaron como grandes lecciones sobre la vida, la fe, la Iglesia, la sociedad o la familia. Olvida, por el contrario, todo aquello que te pareció poca virtud en ellos. Dios, como Padre, sabrá lo qué es trigo o lo que es cizaña en su camino. ¿Guardas grata memoria de los tuyos?

9. Da gracias a Dios por tus difuntos. Reflexiona si has estado a la altura mientras estuvieron vivos junto a ti. ¿No crees que resulta fácil llorar por unas horas, acercar flores al que ya no las necesita o guardar las apariencias por tres días?

10. Recuerda la fe de tus padres. Profésala. Consérvala. No dejes que la guadaña del relativismo te robe o te corte aquellos valores que te hacen invencible, fuerte, eterno. No permitas que, los agoreros del "Dios no existe" logren convencerte de lo que, en realidad, es pasajero: el mundo y sus escaparates risueños pero caducos.

Lamentos de las Benditas Ánimas del Purgatorio.

Oíd, mortales piadosos,
Y ayudadnos a alcanzar
Que Dios nos saque de penas
Y nos lleve a descansar.

Oh, vosotros caminantes,
Suspended, oíd, parad;
¿Bastará solo el oírnos
A mover vuestra piedad?
Hoy pide nuestra aflicción
Que queráis cooperar
Que Dios nos saque de penas
Y nos lleve a descansar.

No hay dolor, tormento, pena,
Martirio, cruz ni aflicción
Que aun llegue a ser pintura
De nuestra menor pasión:
Solo alivia a nuestros males
De vuestro amor esperar
Que Dios nos saque de penas
Y nos lleve a descansar.

Aquí estoy en purgatorio
De fuego en cama tendido,
Siendo mi mayor tormento
La ausencia de un Dios querido:
Padezco sin merecer,
Por mí no basto a alcanzar
Que Dios nos saque de penas
Y nos lleve a descansar.

¡Ay de mí! ¡Ay Dios eterno!
¡Ay llama voraz activa!
¡Ay bien merecido fuego!
¡Ay conciencia siempre viva!
¡Ay justicia que no acaba!
¡Ay cuándo se ha de acabar!
Que Dios nos saque de penas
Y nos lleve a descansar.

¡Ay, culpa, lo que me cuestas!
No imagine tu fiereza,
Pues con tal tormento pago
Lo que juzgué ligereza.
Cielos, piedad, baste, cielos;
¿Cuándo el día ha de llegar?
Que Dios nos saque de penas
Y nos lleve a descansar.

Todo lo que aquí padezco
Es justo, santo y debido,
Pues no se purga con menos
Haber a un Dios ofendido.
¡Ay, que pude no ofenderle!
¡Ay, que no hay más que esperar!
Que Dios nos saque de penas
Y nos lleve a descansar.

Padres, hermanos, amigos,
¿Dónde está la caridad?
¿Favorecéis a un extraño
Y para mí no hay piedad?
Ea, venga una limosna,
Siquiera solo el rogar
Que Dios nos saque de penas
Y nos lleve a descansar.

Hijo ingrato, que paseas
Tan ricamente vestido,
Y a costa de mis sudores
Descansas en tanto olvido,
Mira tu padre quemando,
Y le puedes remediar:
Que Dios nos saque de penas
Y nos lleve a descansar.

Quizá en ti no será arbitrio,
Si obligación de justicia,
Pues no cumples testamentos
Con perezosa malicia.
Abre los ojos, despierta;
Paga, haciendo acelerar
Que Dios nos saque de penas
Y nos lleve a descansar.

Hermanos en Jesucristo
Los que oís estos suspiros,
Si queréis podéis sacarnos
De estos lóbregos retiros
Con sufragios, sacrificios,
Y con devoción orar
Que Dios nos saque de penas
Y nos lleve a descansar.

El más alto sacrificio
Del Cordero inmaculado
Nos es eficaz remedio
Para purgar el pecado:
El mérito de los Santos
Puede también alcanzar
Que Dios nos saque de penas
Y nos lleve a descansar.

De Getsemaní en el campo,
sangre suda el Redentor.
Contemplando de estas penas,
su gran tormento y rigor.
Al Padre Eterno le ofrece,
no cesando allí de orar.
Que Dios nos saque de penas
Y nos lleve a descansar.

A vista de tal piedad,
no te olvides Oh! Mortal,
de este pío Campo Santo,
cementerio de hospital:
llegue, pues, la cofradía
que tierna te insta clamar.
Que Dios nos saque de penas
Y nos lleve a descansar.

Atiende y mira cristiano,
que en aquí este cementerio
tal vez tu padres y deudos
esperan de ti el remedio:
Sufragios y sacrificios
te suplican sin cesar.
Que Dios nos saque de penas
Y nos lleve a descansar.

María de los Dolores,
Por las penas que sufrió,
Tiene mérito sobrado
En el concepto de Dios:
Nos falta lo que a ella sobra,
Pedirla quiera mediar'
Que Dios nos saque de penas
Y nos lleve a descansar.

Fieles cristianos, amigos,
Dad crédito a estos tormentos:
Obrad bien, afuera culpas
Para huir de estos lamentos
Socorro, piedad, alivio,
Concluimos con clamar:
Que Dios nos saque de penas
Y nos lleve a descansar.

10 DOS ÚLTIMAS CANCIONES

No quiero dejar pasar la oportunidad de reconocer a dos compositores que supieron sintonizar con la experiencia de la muerte de manera muy especial. Macedonio Alcalá Pietro (1831-1869) compositor del vals "Dios nunca muere" y a José López Alavez (1889-1974), autor de la "Canción Mixteca", ambos oaxaqueños.

El vals «Dios nunca muere» expresa la certeza de la esperanza puesta en Dios, a pesar del abandono de las cosas más queridas en esta tierra. La «Canción Mixteca» canta la experiencia de desarraigo del migrante. Así, como lo expresa el autor desconocido de la "Carta a Diogneto", cuando habla de los cristianos: "Habitan en su propia patria, pero como forasteros; toman parte en todo como ciudadanos, pero lo soportan todo como extranjeros; toda tierra extraña es patria para ellos, pero están en toda patria como en tierra extraña".

«Dios nunca muere» - *Macedonio Alcalá Prieto*

Muere el sol en los montes
Con la luz que agoniza
Pues la vida en su prisa
Nos conduce a morir.

Pero no importa saber
Que voy a tener el mismo final
Porque me queda el consuelo
Que Dios nunca morirá.

Voy a dejar las cosas que amé
La tierra ideal, que me vio nacer
pero sé que después
habré de gozar
La dicha y la paz
Que en Dios hallaré.

----música----

Sé que la vida empieza
En donde se piensa
Que la realidad perdida.
Sé que Dios nunca muere
Y que se conmueve
Del que busca su beatitud.

Sé que una nueva luz
Habrá de alcanzar, nuestra soledad
Y que todo aquel, que llega a morir
Empieza a vivir, una eternidad

Muere el sol en los montes
Con la luz que agoniza
Pues la vida en su prisa
Nos conduce a morir

«Canción Mixteca» - *José López Alavés*

¡Qué lejos estoy del suelo donde he nacido!
inmensa nostalgia invade mi pensamiento
y al verme tan solo y triste cual hoja al viento
quisiera llorar, quisiera morir de sentimiento.

¡Oh tierra del sol, suspiro por verte!
ahora que lejos yo vivo sin luz, sin amor
y al verme tan solo y triste cual hoja al viento
quisiera llorar, quisiera morir de sentimiento.

ACERCA DEL AUTOR

Actualmente se desempeña como vicario parroquial en la Parroquia de San Vicente de Paul en Petaluma, California. Ordenado como presbítero en 1988.

www.ingramcontent.com/pod-product-compliance
Lightning Source LLC
Chambersburg PA
CBHW081152090426
42736CB00017B/3287